하루 한장  독해

KB127335

비문학 독해

과학편 **6** 단계 (5, 6학년)

비문학 독해
과학편 6단계 (5, 6학년)

WRITERS

미래엔콘텐츠연구회 & 김진아, 이은영, 정지민, 조현주
미래엔콘텐츠연구회는 No1. Contents를 개발합니다.

COPYRIGHT

인쇄일 2023년 8월 7일(1판3쇄)
발행일 2022년 12월 1일

펴낸이 신광수
펴낸곳 (주)미래엔
등록번호 제16–67호

융합콘텐츠개발실 황은주
개발책임 정은주
개발 마성희, 윤민영, 염혜영

디자인실장 손현지
디자인책임 김병석, 김기욱
디자인 이돈일, 김단비

CS본부장 강윤구
제작책임 강승훈

ISBN 979-11-6841-106-7

우리는 수많은 글에 둘러싸여 살아가고 있습니다.

이야기책이나 교과서 글뿐 아니라,

전단의 광고 문구, 가정 통신문의 안내 글,

인터넷 속의 다양한 자료와 글 …

그래서 우리는 글과 자료에 담긴 지식과 정보를

정확하게 이해하고 해석하는 능력을 키워야 합니다.

단순히 글자를 눈으로 읽어 내는 것이 아니라,

사실을 확인하고 의미를 이해하고 핵심을 파악해야

제대로 독해했다고 볼 수 있습니다.

하루 한장 독해의 비문학 독해 과학편은

우리가 궁금해 하는 과학의 폭넓은 이야기를 통해

제대로 독해하는 능력을 키우는 교재입니다.

하루에 한 장씩! 독해의 세계로 떠나 볼까요?

이 책의
구성과 특징

재미있게 ③ ④ ⑤ 학습해요!

③

④

⑤

매일매일
'매체 독해+글 독해+하루 어휘'
3가지 학습을 할 수 있어요.

블렌디드 러닝인
4번째 학습으로 배경지식을
넓히고 심화시킬 수 있어요.

25일차 구성으로
하루 한 장씩 학습하면
5주에 완성할 수 있어요.

매체 자료로 미디어 문해력을 키워요!

1장 7일차 우리 몸에 꼭 필요한 산소

매체 독해 다음 포스터를 보고, 물음에 답해 봅시다.

생명을 살리는 4분의 기적 심폐 소생술 3가지만 기억하세요

심폐 소생술은 심정지 환자 발생 시 생명을 살리는 방법입니다. 심정지 환자는 4분 이내에 심폐 소생술을 실시하지 않으면 산소가 뇌로 공급되지 못해 뇌세포 손상 및 사망까지 이르게 됩니다. 급박한 심정지 상황에서 아래 3가지만 기억해 두면 누구나 두려움 없이 심폐 소생술을 시행할 수 있습니다.

② 팔을 수직으로 편 상태에서 손에 체중을 실어 약 5 cm 깊이로 분당 100~120회 압박한다. (성인 기준)

① 특정인을 지목하여 119 신고 및 자동 제세동기(AED)를 요청한다.

③ 구급차가 올 때까지 반복한다.

한 손과 다른 손 위에 포개어 깍지를 끼고 아래 손바닥은 편다.

환자 가슴의 중앙 부위를 깊고 빠르게 중단 없이 압박한다.

1 심폐 소생술과 관련된 기체를 골라 ○표 하세요.

질소	산소	헬륨	이산화 탄소
☐	☐	☐	☐

2 이 포스터에 나온 심폐 소생술에 대한 설명으로 옳지 않은 것은 무엇인가요? ( )

① 심폐 소생술은 심정지 후 4분 이내에 이루어져야 한다.
② 환자 가슴의 중앙 부위를 1분 동안만 빠르게 압박한다.
③ 성인의 경우 약 5 cm 깊이로 분당 100~120회 가슴을 압박한다.
④ 가슴 압박을 시작하면 구급차가 올 때까지 계속 반복해서 시행한다.
⑤ 주변에 다른 사람이 있을 경우 특정인을 지목하여 119 신고를 요청한다.

폭넓은 과학 이야기로 공부력을 키워요!

글 독해 다음 글을 읽고, 물음에 답해 봅시다.

안녕? 나는 식물의 뿌리와 잎을 연결해 주는 줄기야. 내 겉은 거칠거칠하거나 매끈한 껍질로 싸여 있어서 벌레의 침입을 막고, 추위와 더위로부터 식물을 보호하지. 내 속은 표피, **❶체관**, 형성층, 물관 등으로 구성되어 있어. 표피는 줄기의 가장 바깥 부분을 감싸는 얇은 세포층을 말해. 안쪽에는 매우 가느다란 여러 개의 물관과 체관이 다발 형태로 모여 있는 것을 볼 수 있을 거야. 그래서 물관과 체관을 합쳐서 관다발이라고 부르지. 관다발은 뿌리에서부터 나를 지나 잎까지 연결되지.

그런데 식물의 종류에 따라 관다발이 **❷배열**되어 있는 모습이 달라. 봉선화, 샐러리, 해바라기와 같은 **❸쌍떡잎식물**의 관다발은 원을 그리며 규칙적으로 배열되어 있고, 물관과 체관 사이에는 작은 세포들이 모여 띠를 이룬 형성층이 있어. 반면 벼, 배합, 옥수수와 같은 **❹외떡잎식물**의 관다발은 불규칙하게 흩어져 있고, 형성층이 없지. 형성층은 새로운 세포들을 계속 만들어 내어 내가 굵어지도록 해 준단다. 그래서 쌍떡잎식물 중에는 밤나무처럼 줄기가 굵게 자라는 것이 많지만, 외떡잎식물은 줄기가 어느 정도 자라면 더 이상 굵어지지 않아.

이번에는 내가 하는 일을 소개할게. 내가 가장 중요하게 하는 일은 운반 작용이야. 뿌리에서 흡수한 물과 무기 양분을 물관을 통해 잎까지 운반하고, 앞에서 만들어진 **❺유기 양분**을 체관을 통해 식물의 몸 곳곳으로 운반하지. 두 번째로 나는 식물체를 지지하는 작용도 해. 물관의 세포벽은 단단해서 식물이 곧게 서 있도록 해 주지. 세 번째로 나는 잎만큼은 아니지만 산소를 흡수하고, 이산화 탄소를 내보내는 호흡 작용도 하고 있어. 마지막으로 나는 양분과 물을 모아 두는 저장 작용을 해. 감자, 토란은 줄기에 양분을 저장하는 식물이야. 선인장은 줄기에 물을 저장해서 건조한 지역에서 살아남지.

나는 **❻생존**을 위해 빛과 물에 예민하게 반응해. 그래서 여러 가지 형태로 변형되어 존재하고 있어. 너에게 익숙한 나의 모습은 땅 위에서 하늘을 향해 뻗어 있는 모습이겠지? 하지만 나는 땅 위로 뻗어 바닥을 기어가기도 하고, 가늘고 길게 변해서 다른 식물이나 물체를 감기도 해. 그리고 땅속에 양분을 저장하여 공이나 달걀 모양으로 부푼 형태로 있기도 있지. 앞에서 말한 감자가 땅속에 양분을 저장한 내 모습을 대표하는 예란다.

뿌리가 식물의 다리라면, 나는 식물의 **❼몸통**이라고 이해하면 좋을 것 같아. 나도 지구의 환경에서 살아남기 위해 가장 적합한 구조를 가지게 되었어. 지금까지 내 이야기를 들어 줘서 고마워.

❶ 체관: 잎에서 만들어진 양분이 줄기나 뿌리로 이동하는 통로.
❷ 배열: 일정한 차례나 간격에 따라 벌여 놓음.
❸ 쌍떡잎식물: 싹이 틀 때 두 개의 떡잎이 마주 붙어 나는 식물.
❹ 외떡잎식물: 떡잎이 한 개 있는 식물.
❺ 유기 양분: 탄수화물, 단백질, 지방 등을 포함한 영양 성분.
❻ 생존: 살아 있음 또는 살아남음.
❼ 몸통: 사람이나 동물의 몸에서 머리, 팔, 날개, 꼬리 등 딸린 것들을 제외한 가슴과 배 부분.

• **미디어 문해력이란?** 매체가 제공하는 다양한 정보를 해석하고 이해하는 능력입니다.

• **그래서 매체 독해가 필요해요!** 일상생활에서 각종 매체를 통해 제공되는 카드 뉴스, 광고, 그래프 등을 이해하고 해석하는 힘을 키울 수 있습니다.

• **과학 교과 연계로 학습 자신감이 생겨요!** 초등 과학 교과서와 연계하여 선정한 주제로 독해 실력은 물론, 과학 학습의 자신감도 키울 수 있습니다.

• **배경지식을 넓혀요!** 주제와 관련된 글 자료, 영상 자료로 깊이 있는 학습을 할 수 있어요.

똑똑하게 독해의 힘을 키워요!

비문학 독해의 힘 글을 구조화하여 읽으며 글 속의 지식과 정보를 파악하는 힘을 키워요.

매체 독해의 힘 미디어로 둘러싸인 환경 속에서 매체 정보를 해석하고 이해하는 힘을 키워요.

하루 한 장의 힘 많은 학습량을 욕심내지 않고 하루에 한 장으로 꾸준하게 공부하는 힘을 키워요.

블렌디드 러닝의 힘 글을 읽다가 꼬리를 물고 이어지는 궁금증을 스스로 해결하는 힘을 키워요.

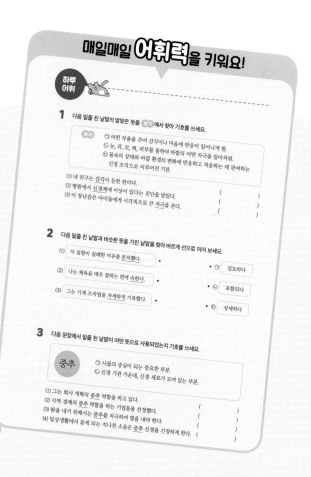

다양한 문제로 비문학 독해력을 키워요!

1 각 문단의 중심 내용으로 알맞지 않은 것은 무엇인가요? ( )
① (가) 문단: 달의 모양 변화
② (나) 문단: 달의 모양에 따른 이름
③ (다) 문단: 달의 같은 면만 보이는 까닭
④ (라) 문단: 달의 자전 주기와 공전 주기가 같은 까닭
⑤ (마) 문단: 달의 앞면과 뒷면의 차이

2 이 글을 통해 알 수 있는 내용으로 알맞지 않은 것은 무엇인가요? ( )
① 달은 낮과 밤이 바뀌지 않는다.
② 달은 자전 주기와 공전 주기가 같다.
③ 달의 모양은 약 30일을 주기로 변한다.
④ 달은 지구의 중력에 붙잡혀서 스스로 자전하지 못한다.
⑤ 달의 모양은 삭, 초승달, 상현달, 보름달, 하현달, 그믐달의 순서로 변한다.

3 이 글을 읽은 친구들에게 다음과 같은 질문을 했습니다. 가장 알맞게 대답한 친구를 골라 ○표 하세요.

지구에서 달을 볼 때 달의 모양이 달라 보이는 까닭은 무엇인가요?

지우: 달이 스스로 빛을 내고 있는 부분을 우리가 보기 때문입니다.
( )

주원: 달이 자전하면서 태양 빛을 받는 부분이 달라지기 때문입니다.
( )

서연: 달이 공전하여 태양, 지구, 달의 상대적 위치가 달라지기 때문입니다.
( )

4 ⊙의 원인으로 알맞은 것은 무엇인가요? ( )
① 달의 자전 주기와 공전 주기가 같기 때문이다.
② 달의 공전 주기가 자전 주기보다 느리기 때문이다.
③ 달의 공전 주기가 자전 주기보다 빠르기 때문이다.
④ 달의 공전 주기와 지구의 공전 주기가 같기 때문이다.
⑤ 달의 자전 주기와 지구의 자전 주기가 같기 때문이다.

매일매일 어휘력을 키워요!

하루 어휘

1 다음 밑줄 친 낱말의 알맞은 뜻을 보기에서 찾아 기호를 쓰세요.

보기
⊙ 어떤 작용을 주어 감각이나 마음에 반응이 일어나게 함.
⊙ 눈, 귀, 코, 혀, 피부를 통하여 바깥의 어떤 자극을 알아차림.
⊙ 몸속의 상태와 바깥 환경의 변화에 반응하고 적응하는 데 관여하는 신경 조직으로 이루어진 기관.

(1) 내 친구는 감각이 둔한 편이다. ( )
(2) 병원에서 신경계에 이상이 있다는 진단을 받았다. ( )
(3) 이 장난감은 아이들에게 시각적으로 큰 자극을 준다. ( )

2 다음 밑줄 친 낱말과 비슷한 뜻을 가진 낱말을 찾아 바르게 선으로 이어 보세요.

(1) 이 실험이 실패한 이유를 분석했다. · · ⊙ 검토하다
(2) 나는 체육을 매우 잘하는 편에 속한다. · · ⊙ 포함되다
(3) 그는 기계 조작법을 자세하게 기록했다. · · ⊙ 상세하다

3 다음 문장에서 밑줄 친 낱말이 어떤 뜻으로 사용되었는지 기호를 쓰세요.

중추
⊙ 사물의 중심이 되는 중요한 부분.
⊙ 신경 기관 가운데, 신경 세포가 모여 있는 부분.

(1) 그는 회사 개혁의 중추 역할을 하고 있다. ( )
(2) 지역 경제의 중추 역할을 하는 기업을 선정했다. ( )
(3) 땀을 내기 위해서는 중추를 자극하여 열을 내야 한다. ( )
(4) 일상생활에서 듣게 되는 지나친 소음은 중추 신경을 긴장하게 한다. ( )

• **핵심을 파악하는 힘을 키워요!** 제목 정하기, 세부 내용 확인하기, 중심 내용 찾기 등의 문제를 통해 글의 핵심을 파악하는 힘을 키웁니다.

• **확장하여 생각하는 힘을 키워요!** 의견 나누기, 미루어 짐작하기, 다른 사례에 적용하기 등의 문제를 통해 확장하여 생각하는 힘을 키웁니다.

• **기본적인 뜻과 쓰임을 익혀요!** 새롭게 알게 된 낱말의 기본적인 뜻과 문맥 속에서의 쓰임을 익힙니다.

• **관련 어휘를 함께 공부해요!** 비슷하거나 반대의 뜻을 가지고 있는 말, 헷갈리는 말 등을 묶어서 공부하며 어휘력을 키웁니다.

이 책의 차례

바른답·알찬풀이

비문학 독해 과학편 ❶~❻

		주제1	주제2	주제3	주제4	주제5
1~2학년	❶단계	우리 주변의 식물	나의 몸	계절과 날씨	고마운 에너지	소중한 물
		우리 주변에서 볼 수 있는 식물의 특징을 살펴보자.	눈, 귀, 코, 혀 등 우리 몸이 하는 일을 살펴보자.	우리나라 사계절의 특징과 날씨, 일기 예보에 대해 알아보자.	에너지의 뜻과 에너지를 절약하는 방법을 알아보자.	물의 세 가지 상태와 물의 중요성을 알아보자.
	❷단계	주제1 우리 주변의 동물	주제2 안전한 생활	주제3 우리가 사는 지구	주제4 소리의 세계	주제5 물질의 성질
		우리 주변에서 볼 수 있는 동물의 특징을 살펴보자.	우리가 질병이나 사고로부터 안전하게 생활할 수 있는 방법을 알아보자.	우리가 지구에서 사는 까닭과 지구에서 볼 수 있는 자연환경을 살펴보자.	소리의 성질과 소음을 줄이는 방법을 알아보자.	물체와 물질의 차이를 알아보고, 물질의 성질이 생활에 이용되는 예를 살펴보자.
3~4학년	❸단계	주제1 동물 이야기	주제2 자석 이야기	주제3 지구의 모습	주제4 지표의 변화	주제5 물질의 상태
		동물의 암수 구별과 배추흰나비와 개의 한살이에 대해 알아보자.	자석의 성질을 알아보고, 일상생활에서 자석을 활용한 예를 살펴보자.	지구의 탄생 과정과 지구의 다양한 모습에 대해 알아보자.	물이나 바람 등에 의해 지표가 변하고 있는 여러 모습을 살펴보자.	물질의 세 가지 상태의 특징을 이해하고, 물질을 세 가지 상태로 분류해 보자.
	❹단계	주제1 지구의 변화	주제2 물체의 무게	주제3 그림자와 거울	주제4 식물 이야기	주제5 물질의 변화
		지층과 화석, 화산과 지진 등 지구의 변화에 대해 알아보자.	저울의 원리를 알아보고, 무게와 질량의 차이점을 살펴보자.	빛을 이용한 정보 전달, 그림자와 거울에 대해 알아보자.	꽃가루받이, 식물의 한살이, 사는 곳에 따른 식물의 특징 등을 살펴보자.	물의 상태 변화로 일어나는 현상을 알아보고, 이를 활용한 예를 살펴보자.
5~6학년	❺단계	주제1 다양한 기상 현상	주제2 다양한 생물과 환경	주제3 신비한 우주	주제4 산과 염기 이야기	주제5 온도와 열 이야기
		대기 중에서 일어나는 다양한 기상 현상을 살펴보자.	다양한 생물이 우리 생활과 환경에 어떤 영향을 주는지 알아보자.	천체, 우주 탐사와 우주 개발에 대해 알아보자.	산과 염기의 특징을 이해하고, 우리 생활에서 이용되는 예를 알아보자.	온도와 열의 의미를 이해하고, 열의 이동 방법을 알아보자.
	❻단계	주제1 전기 이야기	주제2 재미있는 기체 이야기	주제3 지구의 운동과 달의 운동	주제4 식물의 구조와 기능	주제5 우리 몸의 구조와 기능
		우리 생활을 편리하게 해 주는 전기에 대해 알아보자.	기체의 성질과 예를 살펴보고, 온도와 압력에 따른 기체의 부피 변화를 알아보자.	지구의 운동과 달의 운동에 의해 나타나는 자연 현상에 대해 배워 보자.	식물은 어떤 구조로 이루어져 있으며, 각 기관이 하는 일을 살펴보자.	우리 몸속 기관이 하는 일과 자극이 전달되고 반응하는 과정 등을 알아보자.

비문학 독해 사회편 ❶~❻

알고 싶은 주제, 재미있는 주제가 있다면 스스로 찾아 먼저 공부해도 좋아요!

❶단계

주제1 작은 사회, 학교	주제2 계절에 따라 다른 생활 모습	주제3 소중한 우리 가족	주제4 명절과 세시 풍속	주제5 자랑스러운 우리나라	
학교에서의 바르고 안전한 생활에 대해 알아보자.	사계절의 날씨와 특징, 생활 모습을 살펴보자.	옛날과 오늘날의 가족 형태, 호칭을 배워 보자.	설날과 추석, 열두 달의 세시 풍속을 알아보자.	세계에 자랑할 만한 우리의 문화를 살펴보자.	

❷단계

주제1 계절마다 다른 날씨	주제2 사회 속의 나	주제3 소중한 가족	주제4 우리 동네, 우리 고장	주제5 세계의 여러 나라	
날씨와 기후를 구분하고, 계절별 날씨를 살펴보자.	사회화, 직업 선택, 저축과 소비에 대해 배워 보자.	가족의 형태, 가족 구성원의 역할 변화를 알아보자.	공공시설, 사람들의 직업 등 고장의 모습을 살펴보자.	세계 여러 나라의 의식주 생활 모습을 살펴보자.	

❸단계

주제1 우리가 사는 고장	주제2 우리나라의 전통	주제3 교통과 통신의 발달	주제4 다양한 의식주 생활 모습	주제5 도구의 변화, 달라진 생활 모습	주제6 오늘날의 가족 모습
고장의 환경과 사람들의 생활 모습을 살펴보자.	오늘날까지 이어져 온 우리의 전통을 알아보자.	교통·통신의 발달로 나타난 생활의 변화를 알아보자.	자연환경에 따라 다른 다양한 생활 모습을 살펴보자.	여러 도구의 발달로 나타난 생활의 변화를 알아보자.	결혼식 모습과 다양한 가족 형태를 살펴보자.

❹단계

주제1 지도 속 세상	주제2 사람들이 살아가는 곳	주제3 소중한 문화유산	주제4 공공 기관과 주민 참여	주제5 경제 활동	주제6 사회 변화로 나타난 생활 속 변화
지도의 기본 요소, 지도의 이용에 대해 알아보자.	삶의 터전으로서 도시와 촌락의 모습을 비교해 보자.	우리나라의 소중한 문화유산을 살펴보자.	공공 기관과 다수결의 원칙에 대해 배워 보자.	생산과 소비, 수요와 공급, 경제적 교류 등 경제 활동에 대해 알아보자.	세계화, 정보화, 고령화 등으로 나타난 변화 모습을 살펴보자.

❺단계

주제1 우리 국토의 위치와 영역	주제2 우리나라의 자연환경	주제3 우리나라의 인문 환경	주제4 인권을 존중하는 사회	주제5 일상생활과 법	
우리나라의 위치와 영토, 영해, 영공으로 이루어진 영역을 살펴보자.	우리나라 지형과 기후의 특징, 자연재해의 종류를 알아보자.	우리나라의 도시와 인구 성장, 산업과 교통 발달에 대해 배워 보자.	인권의 중요성과 인권을 지키기 위한 다양한 노력을 살펴보자.	헌법을 비롯하여 생활 속에서 접할 수 있는 다양한 법을 배워 보자.	

❻단계

주제1 민주 정치의 발전	주제2 시장과 경제	주제3 세계의 자연환경	주제4 세계 여러 지역의 삶의 모습	주제5 살기 좋은 지구촌	
우리나라의 민주 정치의 발전 과정과 선거에 대해 배워 보자.	우리나라의 경제 성장 과정과 경제 교류의 모습을 살펴보자.	세계 여러 나라의 국토 모습, 지형과 기후의 특징을 알아보자.	우리와 가까운 나라들, 세계의 종교와 문화에 대해 배워 보자.	국제 분쟁과 환경 문제, 살기 좋은 지구를 만들기 위한 노력을 살펴보자.	

주제

1
전기 이야기

이번 주에 공부할 내용에 대한
주간 학습 계획을 세워 보세요.

마찰하면 전기가 생겨요

정답 확인

하루한장 앱에서
학습 인증하고
하루템을 모으세요!

 다음 뉴스 화면을 보고, 물음에 답해 봅시다.

어제 오후, 경기도 ○○시

경기도 ○○시의 셀프 주유소에서 한 운전자가 주유구를 여는 순간 갑자기 폭발이 일어났습니다. 다행히 인명 피해는 없었지만 인근 건물 유리창이 깨지고 승용차가 파손되었습니다. 이 사고는 정전기 때문에 일어난 것으로, 정전기와 주유구에서 나온 유증기가 만나 폭발이 일어난 것입니다. 유증기는 기름방울이 공기 중에 떠다니는 것을 말하는데, 인화성이 강합니다. 추운 겨울철은 습도가 20 %에서 30 %로 낮기 때문에 정전기가 잘 발생합니다. 따라서 운전자는 주유하기 전 반드시 자동차 시동을 끄고, 맨손을 정전기 방지 패드에 댄 다음 비닐장갑이 있으면 착용하고 주유를 해야 합니다.

1 주유소에서 폭발 사고를 예방하는 방법으로 옳은 것을 보기 에서 모두 골라 기호를 쓰세요.

> 보기
> ㉠ 주유를 하기 전에 자동차 시동을 끈다.
> ㉡ 비닐장갑이 있으면 손에 착용하고 주유한다.
> ㉢ 주유를 한 후에 맨손을 정전기 방지 패드에 대서 유증기를 없앤다.

(   )

2 이 뉴스에서 설명한 내용과 일치하는 것은 ○표, 일치하지 않는 것은 ×표 하세요.

(1) 정전기는 습도가 높은 날에 잘 생긴다. (   )

(2) 정전기와 유증기가 만나면 폭발 사고가 일어날 수 있다. (   )

(3) 어제 오후 셀프 주유소에서 일어난 사고에서 다행히 사람은 다치지 않았다. (   )

기원전 600년 무렵, 고대 그리스의 철학자인 탈레스는 호박 보석을 헝겊으로 문지를 때 먼지가 보석에 달라붙는 현상을 발견하였습니다. 우리도 이와 비슷한 경험을 건조한 겨울철에 자주 합니다. 스웨터를 벗을 때나 금속으로 된 손잡이를 만지는 순간 찌릿한 느낌에 깜짝 놀란 적이 있을 것입니다. 이러한 현상은 물체의 ^❶마찰에 의해 전기가 발생했기 때문에 일어납니다. 마찰에 의해 물체가 띠는 전기를 마찰 전기라고 합니다. 마찰 전기는 ^❷도선을 따라 흐르는 전기와 달리 전기가 한 물체에서 다른 물체로 쉽게 이동하지 않고 물체에 머물러 있기 때문에 정전기라고도 부릅니다.

서로 다른 두 물체를 마찰할 때 정전기가 발생하는 까닭은 무엇일까요? 우리 주변의 물질은 아주 작은 알갱이인 ^❸원자로 이루어져 있습니다. 원자의 중심에는 (+)^❹전하를 띠는 무거운 원자핵이 있고, 그 주위에는 (-)전하를 띠는 가벼운 전자들이 있습니다. 보통 원자는 원자핵의 (+)전하의 양과 전자의 (-)전하의 양이 같아서 전기를 띠지 않습니다. 이러한 원자가 모여 이루어진 물체도 전기를 띠지 않습니다. 그런데 서로 다른 두 물체를 마찰하면 가벼운 전자들 중 일부가 원자로부터 떨어져 나와 다른 물체로 이동합니다. 이때 전자를 얻은 물체는 (-)전하를 띠고, 전자를 잃은 물체는 (+)전하를 띠게 됩니다.

예를 들어 고무풍선과 털가죽을 마찰하면 털가죽에서 고무풍선으로 전자가 이동하므로 고무풍선은 전자를 얻어 (-)전하를 띠고, 털가죽은 전자를 잃어 (+)전하를 띠게 됩니다. 반면 고무풍선과 플라스틱 막대를 마찰하면 [㉠]에서 [㉡](으)로 전자가 이동하므로 고무풍선은 전자를 잃어 [㉢]전하를 띠고, 플라스틱 막대는 전자를 얻어 [㉣]전하를 띠게 됩니다.

정전기는 우리 생활에 어떤 영향을 줄까요? 정전기가 발생하면 다른 종류의 전하끼리 서로 끌어당기는 성질 때문에 가전제품에 먼지가 많이 붙어서 가전제품이 고장이 나기도 합니다. 반도체 공장에서는 정전기 때문에 제품이 손상되기도 하며, 화학 공장이나 주유소에서는 사람의 몸에서 발생한 정전기로 인해서 폭발 사고가 일어나기도 합니다.

하지만 정전기가 우리에게 불편함만 준다고 생각하면 큰 ^❺오산입니다. 복사기는 정전기를 이용해 ^❻토너를 종이에 달라붙게 하여 글자나 그림을 인쇄하며, 공기 청정기는 전하를 띤 필터에 공기 중의 먼지를 달라붙게 하여 먼지를 제거합니다. 이 외에도 정전기 청소포나 터치스크린도 정전기를 이용하여 우리 생활을 편리하게 해 주는 제품입니다.

---

❶ **마찰**: 두 물체가 서로 닿아 비벼짐. 또는 그렇게 함.

❷ **도선**: 전기의 양극을 이어 전류를 통하게 하는 쇠붙이 줄.

❸ **원자**: 물질의 기본적 구성 단위로, 하나의 원자핵과 이를 둘러싼 여러 개의 전자로 구성되어 있음.

❹ **전하**: 물체가 띠고 있는 정전기의 양.

❺ **오산**: 추측이나 예상을 잘못함.

❻ **토너**: 복사기나 레이저 프린터에서 잉크 대신 사용하는 검은색 탄소 가루.

1 이 글의 중심 낱말은 무엇인지 쓰세요.

(   )

2 이 글을 읽고 대답할 수 <u>없는</u> 질문은 무엇인가요? (   )

① 정전기가 생기는 까닭은 무엇인가요?

② 정전기라고 부르는 까닭은 무엇인가요?

③ 정전기를 부르는 다른 이름은 무엇인가요?

④ 정전기를 없애는 방법에는 무엇이 있나요?

⑤ 정전기가 우리 생활에서 이용되는 예에는 무엇이 있나요?

3 마찰하기 전 물체가 전기를 띠지 <u>않는</u> 까닭은 무엇인가요? (   )

① 원자가 없기 때문이다.

② 원자가 (-)전하만 갖기 때문이다.

③ 원자핵의 (+)전하의 양과 전자의 (-)전하의 양이 같기 때문이다.

④ 원자핵의 (+)전하의 양이 전자의 (-)전하의 양보다 많기 때문이다.

⑤ 원자핵의 (+)전하의 양이 전자의 (-)전하의 양보다 적기 때문이다.

4 이 글을 읽고, ㉠~㉣에 들어갈 알맞은 말을 쓰세요.

㉠: (   ), ㉡: (   ),

㉢: (   ), ㉣: (   )

5 오른쪽 그림은 원자의 구조를 나타낸 것입니다. 원자의 구조에 대한 설명으로 옳은 것을 보기 에서 모두 고른 것은 어느 것인가요? ( )

> **보기**
> ㉠ A는 전자이다.
> ㉡ 이 원자는 전기를 띠지 않는다.
> ㉢ A는 B보다 상대적으로 무겁다.

① ㉠　　　　② ㉡　　　　③ ㉢　　　　④ ㉠, ㉡　　　　⑤ ㉡, ㉢

6 서로 다른 두 물체를 마찰하면 두 물체가 전기를 띠게 됩니다. 그 까닭을 옳게 설명한 친구를 골라 ○표 하세요.

서아: 한 물체에서 다른 물체로 전자가 이동했기 때문이야.	효빈: 한 물체에서 다른 물체로 원자핵이 이동했기 때문이야.	유찬: 두 물체를 마찰할 때 원자핵이 전자로 바뀌기 때문이야.	연우: 두 물체를 마찰할 때 전자가 원자핵으로 바뀌기 때문이야.
☐	☐	☐	☐

7 이 글에 나타난 글쓴이의 생각과 일치하는 것은 무엇인가요? ( )

① 정전기를 줄이는 생활 습관을 길러야 한다.
② 정전기는 우리 삶에 불편함만을 가져다 준다.
③ 정전기가 생기는 원인을 계속해서 연구해야 한다.
④ 정전기를 이용해서 만든 제품의 단점을 보완해야 한다.
⑤ 정전기를 이용해서 만든 기계는 우리 삶을 편리하게 해 준다.

배경 +지식 넓히기

습도가 높은 날에 정전기가 잘 생기지 않는 까닭

정전기는 습도가 높으면 잘 발생하지 않습니다. 이것은 습도가 높으면 공기 중의 물이 도체 역할을 하여 전기를 방전시키기 때문입니다. 또 면으로 만든 옷보다 털로 만든 옷에서 정전기가 더 잘 발생하는 것은 털옷이 습기를 잘 머금고 있지 못하기 때문입니다.

1 다음 밑줄 친 낱말의 알맞은 뜻을 보기 에서 찾아 기호를 쓰세요.

> 보기
> ㉠ 추측이나 예상을 잘못함.
> ㉡ 물체가 띠고 있는 정전기의 양.
> ㉢ 전기의 양극을 이어 전류를 통하게 하는 쇠붙이 줄.
> ㉣ 물질의 기본적 구성 단위로, 하나의 원자핵과 이를 둘러싼 여러 개의 전자로 구성되어 있음.

(1) 도선에 흐르는 전류의 세기는 전압에 비례한다. ( )

(2) 그에게서 비밀을 캐내려고 생각했다면 큰 오산이다. ( )

(3) 다이아몬드와 석탄은 동일한 원자로 이루어져 있는 물질이다. ( )

(4) 과학 시간에 도선에 전류가 흐를 때 전하의 총량이 절대로 변하지 않는다는 것을 배웠다.
( )

2 다음 문장에 들어갈 낱말의 올바른 표기를 골라 ○표 하세요.

(1) 진이는 { 형겁 / 형겊 }으로 인형을 만들었다.

(2) 뉴스에서 화산 { 폭발 / 폭팔 } 소식을 보도했다.

(3) 나는 엄마의 { 닥달 / 닦달 }에 못 이겨 준비를 서둘렀다.

3 다음 문장에서 밑줄 친 낱말이 어떤 뜻으로 사용되었는지 기호를 쓰세요.

> 마찰
> ㉠ 두 물체가 서로 닿아 비벼짐. 또는 그렇게 함.
> ㉡ 이해나 의견이 서로 다른 사람이나 집단이 충돌함.

(1) 그는 사람들과 마찰이 잦았다. ( )

(2) 무명으로 만든 옷은 마찰에 강하다. ( )

(3) 손바닥을 서로 마찰시키면 열이 난다. ( )

(4) 그 나라는 우리나라와 무역 문제로 마찰을 빚었다. ( )

번개의 정체는 무엇일까요?

매체 독해

다음 통계 자료를 보고, 물음에 답해 봅시다.

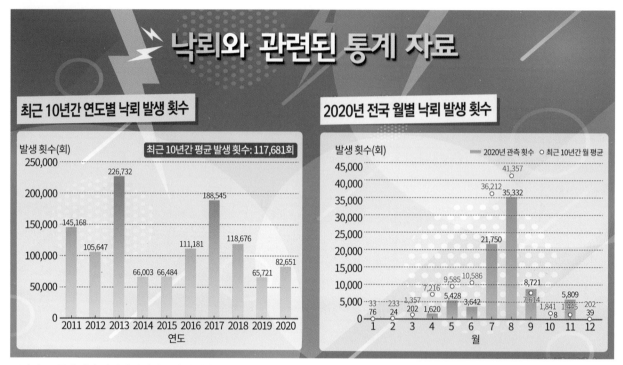

낙뢰와 관련된 통계 자료

최근 10년간 연도별 낙뢰 발생 횟수

발생 횟수(회)

최근 10년간 평균 발생 횟수: 117,681회

연도	발생 횟수
2011	145,168
2012	105,647
2013	226,732
2014	66,003
2015	66,484
2016	111,181
2017	188,545
2018	118,676
2019	65,721
2020	82,651

2020년 전국 월별 낙뢰 발생 횟수

발생 횟수(회) ▬ 2020년 관측 횟수 ○ 최근 10년간 월 평균

월	2020년 관측 횟수	최근 10년간 월 평균
1	76	33
2	24	233
3	202	1,357
4	1,620	7,216
5	5,428	9,585
6	3,642	10,586
7	21,750	36,212
8	35,332	41,357
9	8,721	7,614
10	1,841	8
11	5,809	1,445
12	202	39

*낙뢰: 구름과 지면 사이에 일어나는 번개 현상으로 벼락이라고도 함.

*출처: 기상청 낙뢰 연보(2020년)

1 이 통계 자료로 알 수 있는 내용은 무엇인가요?　　　　　　　　(　　　　)

① 연도별 낙뢰 피해 규모　　　　② 연도별 낙뢰 관측 횟수

③ 지역별 낙뢰 피해 규모　　　　④ 지역별 낙뢰 관측 횟수

⑤ 연도별 낙뢰 예보 적중 확률

2 이 통계 자료를 보고, 다음 문장에 들어갈 알맞은 낱말을 골라 ○표 하세요.

(1) 낙뢰가 주로 발생하는 계절은 (봄 / 여름 / 가을 / 겨울)이다.

(2) 2020년 11월에 발생한 낙뢰 횟수는 최근 10년간 11월에 발생한 낙뢰 평균 횟수보다 (적다 / 많다).

(3) 2020년에 우리나라에서 발생한 낙뢰 총 횟수는 최근 10년간 발생한 낙뢰 평균 횟수보다 (적다 / 많다).

(4) 최근 10년간 낙뢰가 발생한 평균 횟수보다 낙뢰가 더 많이 발생한 년도는 (2012 / 2013 / 2014)년이다.

(가) 미국의 과학자 프랭클린은 마찰 전기가 **❶**방전될 때 발생하는 불꽃이 번개와 비슷한 것을 보고, 번개도 전기에 의해 일어난다고 생각하였습니다. 그는 번개의 정체를 증명하려고 금속 열쇠를 연줄 끝에 매단 후 번개가 치는 하늘에 연을 날리는 위험한 실험을 하였습니다. 번개가 연에 떨어진 후 플랭클린이 열쇠에 손을 대었더니 열쇠에서 불꽃이 튀는 방전 현상이 일어났습니다. 그는 이 실험을 통해 번개가 자연에서 일어나는 전기 현상의 일종이라는 것을 **❷**입증하였습니다.

(나) 번개는 구름에서 생기는데, 모든 구름에서 번개가 생기는 것은 아닙니다. 지표면이 태양열로 인해 국지적으로 가열되면 가열된 공기가 상승하면서 구름이 만들어집니다. 이때 습도가 높고 상승 기류가 발달하여 **❸**대기가 불안정하면 번개를 잘 발생시키는 구름이 급격하게 발달합니다. 이런 구름은 강한 바람과 비, 천둥, 번개를 동반합니다.

(다) 그러면 번개는 어떻게 생기는 것일까요? 구름 속에는 물방울과 작은 얼음 알갱이가 모여 있습니다. 이 물방울과 작은 얼음 알갱이들이 서로 마찰을 일으키면 얼음 알갱이에서 물방울로 전자가 이동합니다. 이때 (+)전하를 띤 가벼운 얼음 알갱이들은 구름 위쪽에 모이고, (-)전하를 띤 무거운 물방울은 구름 아래쪽에 쌓입니다. **❹**정전기 유도에 의해 구름과 마주 보고 있는 지표면과 건물에는 (+)전하가 유도됩니다. 구름에 쌓인 전하의 양이 많아지면 구름의 아래쪽 (-)전하와 지표면의 (+)전하 사이에 서로 끌어당기는 힘이 커져 방전이 일어나는데, 이것을 번개라고 합니다.

(라) 번개를 맞으면 건물에 화재가 나기도 하고, 사람이 다치거나 목숨을 잃을 수도 있습니다. 이러한 피해를 막기 위해서 피뢰침을 높은 건물 옥상에 설치합니다. 피뢰침은 끝이 뾰족한 금속 막대로, 땅속에 묻혀 있는 금속판과 굵은 도선으로 연결되어 있습니다. 번개가 피뢰침에 떨어지면 공기 중의 전하가 피뢰침과 연결된 도선을 따라 땅으로 이동하므로 번개로 인한 피해를 막을 수 있습니다.

(마) 번개가 칠 때 어떻게 행동하는 것이 안전할까요? 번개는 높이 솟아 있는 곳에 칠 가능성이 높으므로 나무나 전봇대로부터 멀리 떨어져야 합니다. 그리고 몸을 굽히고, 다리를 오므린 상태로 엎드려야 하며, 금속으로 된 물건은 번개를 **❺**유인할 수 있으므로 버리는 것이 좋습니다. 머리카락이 쭈뼛 서는 느낌을 받으면 무릎과 손을 바닥에 붙입니다. 이렇게 하면 번개를 맞더라도 심장이 다치는 것을 막을 수 있습니다. 집 안에 있을 때에는 전기 제품의 플러그를 모두 빼 두고, 자동차 안에 있다면 창문을 닫고 나오지 않는 것이 안전합니다.

----

❶ 방전: 전지나 전기를 띤 물체에서 전기가 외부로 흘러나오는 현상.
❷ 입증: 어떤 증거 따위를 내세워 증명함.
❸ 대기: 공기를 달리 이르는 말. 지구를 둘러싸고 있는 기체.
❹ 정전기 유도: 물체에 대전체(전기를 띠는 물체)를 가까이 하면 대전체와 가까운 쪽에는 대전체와 반대 종류의 전하가 모이고, 먼 쪽에는 대전체와 같은 종류의 전하가 모이는 현상.
❺ 유인: 주의나 흥미를 일으켜 꾀어냄.

1 이 글의 중심 내용을 한 문장으로 정리할 때 빈칸에 공통으로 들어갈 알맞은 말을 쓰세요.

> 이 글은 (   )이/가 생기는 원리와 (   )의 피해를 막을 수 있는 방법을 소개하고 있다.

2 (가)~(마) 문단의 중심 내용을 잘못 요약한 것은 어느 것인가요? (   )

① (가) 문단: 프랭클린은 번개의 정체가 전기 현상이라는 것을 밝혀냈다.
② (나) 문단: 대기가 안정적일 때 번개를 잘 발생시키는 구름이 발달한다.
③ (다) 문단: 번개는 구름과 지면 사이에서 일어나는 방전 현상이다.
④ (라) 문단: 피뢰침은 땅속으로 전하를 보내 번개로 인한 피해를 막는다.
⑤ (마) 문단: 번개가 칠 때 피해를 막을 수 있는 다양한 대처 방법이 있다.

3 (다) 문단에서 사용된 설명 방법은 무엇인가요? (   )

① 대상의 뜻을 자세하게 설명하였다.
② 어떤 현상을 순서에 따라 설명하였다.
③ 어떤 주제에 대한 주장과 근거를 제시하였다.
④ 하나의 주제에 대하여 몇 가지 특징을 늘어놓았다.
⑤ 둘 이상의 대상을 견주어 공통점과 차이점을 설명하였다.

4 프랭클린의 실험에 대해 보일 수 있는 비판은 무엇인가요? (   )

① 프랭클린의 실험은 불법적인 행위였다.
② 프랭클린의 실험은 설계에 오류가 존재하였다.
③ 프랭클린의 실험은 과학적 근거가 부족하였다.
④ 프랭클린의 실험은 위험해서 목숨을 잃을 수 있었다.
⑤ 프랭클린의 실험은 이미 다른 과학자가 발표한 내용이었다.

5 다음은 번개가 생기는 과정을 그림으로 정리한 것입니다. 이 글을 읽고 구름의 아래쪽, 지표면과 건물이 어떤 전하를 띠는지 쓰세요.

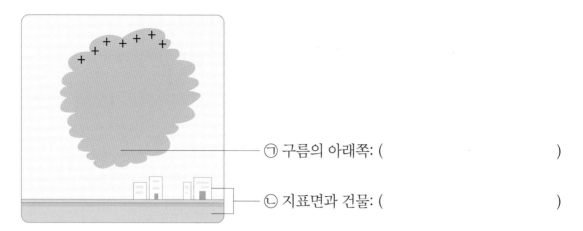

ㄱ 구름의 아래쪽: (   )

ㄴ 지표면과 건물: (   )

6 구름에서 지표면으로 전하가 이동하는 방전 현상이 일어나는 까닭을 옳게 설명한 친구를 골라 ○표 하세요.

성훈: 구름의 아래쪽 (-)전하와 지표면의 (+)전하 사이에 더 이상 힘이 작용하지 않기 때문이야.

□

누리: 구름의 아래쪽 (-)전하와 지표면의 (+)전하 사이에 서로 밀어내는 힘이 커지기 때문이야.

□

솔이: 구름의 아래쪽 (-)전하와 지표면의 (+)전하 사이에 서로 끌어당기는 힘이 커지기 때문이야.

□

7 번개를 안전하게 피하는 방법으로 옳지 <u>않은</u> 것은 무엇인가요? (   )

① 전봇대로부터 멀리 떨어진 곳으로 간다.

② 높은 곳으로 이동한 뒤 나무 아래로 숨는다.

③ 몸을 굽히고 다리를 오므린 상태로 엎드린다.

④ 머리카락이 쭈뼛 선다면 무릎과 손을 땅에 붙인다.

⑤ 번개가 칠 때 차 안에 있다면 창문을 닫고 나오지 않는다.

배경 +지식 넓히기

피뢰침

피뢰침은 프랭클린이 발명한 발명품으로, 그는 전기가 뾰족한 금속 막대의 끝부분에 잘 모인다는 성질을 이용하여 피뢰침을 만들었습니다. 프랭클린은 피뢰침으로 많은 돈을 벌 수 있었지만 특허를 내지 않았습니다. 덕분에 많은 사람들이 건물 옥상에 피뢰침을 설치할 수 있었습니다.

1 다음 밑줄 친 낱말의 뜻으로 알맞은 것을 바르게 선으로 이어 보세요.

(1) 그는 성과를 <u>입증</u>하기 위해 자료를 준비했다. • • ㉠ 어떤 증거 따위를 내세워 증명함.

(2) 배터리가 <u>방전</u>되어서 휴대 전화가 작동하지 않았다. • • ㉡ 사람이나 물건을 목적한 장소나 방향으로 이끎.

(3) 이른 봄 우리나라의 <u>대기</u>는 황사 때문에 색깔이 누렇다. • • ㉢ 공기를 달리 이르는 말. 또는 지구를 둘러싸고 있는 기체.

(4) 주민들의 관심을 <u>유도</u>하려고 다양한 홍보 방법을 기획했다. • • ㉣ 전지나 전기를 띤 물체에서 전기가 외부로 흘러나오는 현상.

2 다음 빈칸에 들어갈 말의 뜻을 보고, 알맞은 낱말을 보기 에서 찾아 활용하여 쓰세요.

보기   급격하다   동반하다   유인하다

(1) 지난 태풍은 폭우를 _____ 피해가 더 컸다.
└ 어떤 사물이나 현상이 함께 생기어.

(2) 누리는 미끼로 물고기를 _____ 물고기를 잡았다.
└ 주의나 흥미를 일으켜 꾀어내.

(3) _____ 주문량의 증가로 며칠 간 정신없이 바빴다.
└ 변화의 움직임 따위가 급하고 격렬한.

3 다음 문장에 들어갈 알맞은 낱말을 골라 ○표 하세요.

(1) 이것은 독버섯의 (기종 / 일종)이므로 주의해야 한다.

(2) 그는 (정체 / 천체)가 탄로 나자 한밤중에 몰래 마을을 떠났다.

(3) (금속 / 부속) 탐지기로 검사를 해 이상이 없어야 통과할 수 있다.

(4) 갑자기 (나락 / 벼락)이 쳐서 교실에 있던 사람들이 모두 깜짝 놀랐다.

직렬연결과 병렬연결

정답 확인
하루한장 앱에서 학습 인증하고 하루템을 모으세요!

매체 독해 다음 수업 자료를 보고, 물음에 답해 봅시다.

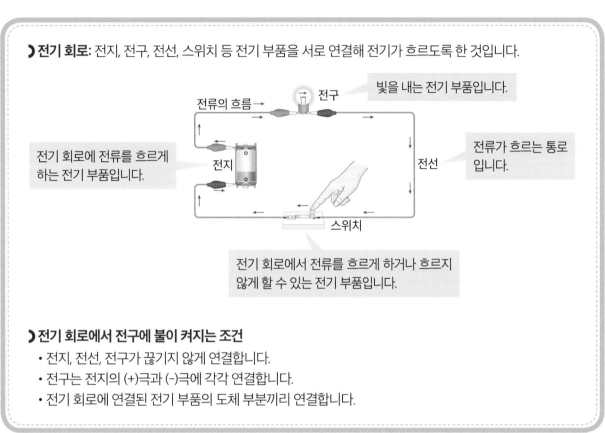

❯ **전기 회로:** 전지, 전구, 전선, 스위치 등 전기 부품을 서로 연결해 전기가 흐르도록 한 것입니다.

전류의 흐름 →

전구 — 빛을 내는 전기 부품입니다.

전지 — 전기 회로에 전류를 흐르게 하는 전기 부품입니다.

전선 — 전류가 흐르는 통로입니다.

스위치 — 전기 회로에서 전류를 흐르게 하거나 흐르지 않게 할 수 있는 전기 부품입니다.

❯ **전기 회로에서 전구에 불이 켜지는 조건**
- 전지, 전선, 전구가 끊기지 않게 연결합니다.
- 전구는 전지의 (+)극과 (-)극에 각각 연결합니다.
- 전기 회로에 연결된 전기 부품의 도체 부분끼리 연결합니다.

＊**도체:** 전류가 잘 흐르는 물질.

1 다음은 수업 자료에 추가할 내용입니다. 빈칸에 들어갈 알맞은 말을 쓰세요.

(   )은/는 전기 회로에 흐르는 전기로, 전지의 (+)극에서 (-)극으로 흐른다.

2 전지, 전선, 전구를 다음과 같이 연결했을 때 전구에 불이 켜지는 경우를 모두 골라 ○표 하세요.

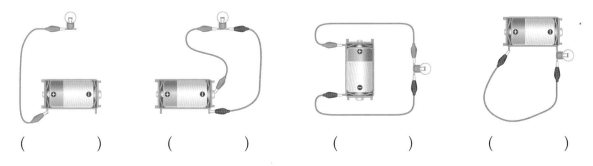

(   )   (   )   (   )   (   )

전지, 전구, 전선, 스위치, 전구 끼우개 등과 같은 전기 **❶**부품을 서로 연결하여 전기가 흐를 수 있게 만든 것을 전기 회로라고 합니다. 전기 회로에서 전지와 전구의 연결 방법에 따른 전구의 밝기를 비교해 보고, 일상생활에서 직렬연결 회로와 병렬연결 회로의 쓰임을 알아봅시다.

전기 회로에서 전지 두 개 이상을 서로 다른 극끼리 연결하는 방법을 전지의 직렬연결이라 하고, 전지 두 개 이상을 서로 같은 극끼리 연결하는 방법을 전지의 병렬연결이라고 합니다. 전지 두 개를 직렬로 연결한 경우 전체 **❷**전압이 커지므로 전구의 밝기는 전지 한 개를 연결했을 때보다 더 밝아지지만 전지의 수명은 전지 한 개를 연결했을 때와 같습니다. 전지의 직렬연결에서 전지 한 개를 제거하면 **❸**전류의 흐름이 끊기기 때문에 전구의 불이 꺼집니다. 반면에 전지 두 개를 병렬로 연결한 경우 전체 전압이 전지 한 개를 연결했을 때와 같으므로 전구의 밝기는 그대로이지만, 전지를 더 오래 사용할 수 있습니다. 전지의 병렬연결에서는 전지 한 개를 제거하더라도 다른 전지에서 전류가 공급되어 회로에 전류가 흐르므로 전구의 불은 꺼지지 않습니다.

전기 회로에서 전구 두 개 이상을 한 줄로 연결하는 방법을 전구의 직렬연결이라 하고, 전구 두 개 이상을 여러 개의 줄에 나누어 한 개씩 연결하는 방법을 전구의 병렬연결이라고 합니다. 전구의 직렬연결에서 직렬로 연결한 전구의 개수가 늘어날수록 전구의 밝기는 어두워지고, 직렬로 연결된 전구들 중 하나를 제거하면 나머지 전구의 불이 모두 꺼집니다. 반면에 전구의 병렬연결에서 병렬로 연결한 전구의 개수가 늘어나도 전구의 밝기는 전기 회로에 전구 한 개가 연결되어 있을 때와 같습니다. 전구의 병렬연결에서 각각의 전구는 전지에 독립적으로 연결되므로 전구 중 하나를 제거해도 나머지 전구의 불은 꺼지지 않습니다.

우리는 생활에서 전기 기구를 직렬 또는 병렬로 연결하여 사용하고 있습니다. 퓨즈는 가전제품에 직렬로 연결되어 있습니다. 만약 가전제품에 과도하게 센 전류가 흐르면 퓨즈가 자동으로 끊어져 가전제품이 고장 나는 것을 막습니다. 멀티탭의 단자나 건물의 전기 **❹**배선은 병렬로 연결되어 있어 전기 기구들을 독립적으로 켜거나 끌 수 있습니다. 하지만 많은 전기 기구를 동시에 연결하면 전선에 지나치게 센 전류가 흘러 화재가 일어날 수 있으므로 주의해야 합니다. 크리스마스트리에 설치된 전구는 직렬연결과 병렬연결을 **❺**혼합해서 사용합니다. 전구를 직렬로만 연결하면 전구 하나가 고장이 났을 때 전구가 모두 꺼지게 되고, 전구를 병렬로만 연결하면 전기와 전선이 많이 소비되기 때문입니다.

----

❶ 부품: 기계 따위의 어떤 부분에 쓰는 물품.

❷ 전압: 전류를 흐르게 하는 능력.

❸ 전류: 물질 안에서 흐르는 전기.

❹ 배선: 전력을 쓰기 위하여 전선을 끌어 장치하거나 여러 가지 전기 장치를 전선으로 연결하는 일.

❺ 혼합: 뒤섞이어 한데 합함.

1 이 글의 설명 방법으로 알맞은 것은 무엇인가요? ( )

① 시간의 순서에 따라 설명하였다.

② 공간의 변화에 따라 설명하였다.

③ 둘 이상의 대상을 견주어 차이점을 설명하였다.

④ 해결해야 할 문제와 그에 대한 해결 방법을 설명하였다.

⑤ 남의 말이나 글을 자신의 글 속에 끌어 써서 설명하였다.

2 전지의 연결 방법에 대한 설명으로 알맞지 <u>않은</u> 것은 무엇인가요? ( )

① 전지의 연결 방법에 따라 전구의 밝기가 달라진다.

② 전지의 직렬연결에서 전지 한 개를 제거하면 전구의 불이 꺼진다.

③ 전지의 수명은 전지 두 개를 직렬연결한 경우보다 전지 두 개를 병렬연결한 경우가 더 길다.

④ 전지 두 개를 병렬연결한 전기 회로의 전구는 전지 한 개를 연결한 전기 회로의 전구와 밝기가 같다.

⑤ 전지의 직렬연결은 전기 회로에서 전지 두 개 이상을 (+)극은 (+)극끼리, (-)극은 (-)극끼리 연결하는 방법이다.

3 다음의 두 전기 제품에서 전지의 연결 방법을 바르게 선으로 이어 보세요.

(1) ·   · ㉠ 전지의 병렬연결

▲ 리모컨

(2) ·   · ㉡ 전지의 직렬연결

▲ 마우스

4 다음은 전구의 밝기를 비교한 것입니다. 빈칸에 들어갈 알맞은 말을 골라 ○표 하세요.

(1) 전지 두 개를 병렬연결한 전기 회로의 전구가 전지 두 개를 직렬연결한 전기 회로의 전구보다 더 (밝다 / 어둡다).

(2) 전구 두 개를 병렬연결한 전기 회로의 전구가 전구 두 개를 직렬연결한 전기 회로의 전구보다 더 (밝다 / 어둡다).

5 다음 그림과 같이 전구 두 개를 연결해 전기 회로를 만들었습니다. 이에 대한 설명으로 알맞은 것은 무엇인가요? (정답 2개) ( )

 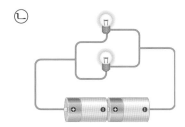

① ㉠은 전구의 병렬연결 회로이다.
② ㉠에서 연결된 전구의 수가 늘어날수록 전구의 밝기는 밝아진다.
③ ㉡에서 연결된 전구의 수가 늘어날수록 전구의 밝기는 밝아진다.
④ ㉡은 전구 두 개를 두 개의 줄에 나누어 한 개씩 연결한 전기 회로이다.
⑤ ㉡에서 연결된 전구 중 한 전구의 불이 꺼져도 나머지 전구는 불이 꺼지지 않는다.

6 크리스마스트리의 전구는 직렬연결과 병렬연결을 혼합해서 사용합니다. 그 까닭은 무엇인가요? ( )

① 직렬연결 방식보다 제작이 쉽기 때문이다.
② 전구의 밝기를 모두 다르게 만들기 위해서이다.
③ 전류가 흐르는 길을 하나로 만들기 위해서이다.
④ 일부 전구가 고장이 나도 모든 전구가 꺼지는 것을 막기 위해서이다.
⑤ 크리스마스트리에 사용되는 전선의 길이를 최소화하기 위해서이다.

7 직렬연결과 병렬연결의 쓰임에 대한 설명으로 옳은 것은 ○표, 옳지 <u>않은</u> 것은 ×표 하세요.

(1) 퓨즈는 가전제품에 직렬로 연결하여 사용한다. ( )
(2) 건물의 전기 배선은 직렬연결되어 있어 전기 기구들을 독립적으로 켜거나 끌 수 있다.
( )
(3) 멀티탭에 많은 전기 기구를 동시에 연결하여 사용하면 전선에 지나치게 센 전류가 흘러 위험하다. ( )

 전기 회로도
전기 회로도는 전기 회로를 약속된 기호로 나타낸 그림입니다. 전기 회로도는 간단하고 알아보기 쉽게 직사각형 모양으로 그리며, 전기 회로에서 전기 부품의 연결 순서와 동일하게 기호를 그려야 합니다. 전기 회로도를 보면 전기 회로의 특징을 한눈에 이해할 수 있어 편리합니다.

1 다음 빈칸에 들어갈 말의 뜻을 보고, 알맞은 낱말을 **보기** 에서 찾아 쓰세요.

> **보기**　　　　　부품　　　　전류　　　　혼합

(1) 콘센트에는 항상 _____이/가 흐르기 때문에 주의해야 한다.
└ 물질 안에서 흐르는 전기.

(2) 할아버지의 라디오는 _____이/가 단종되어서 수리를 할 수 없었다.
└ 기계 따위의 어떤 부분에 쓰는 물품.

(3) 밀가루와 찹쌀가루의 _____ 비율을 3 : 1로 했을 때 면발의 맛이 가장 좋다.
└ 뒤섞이어 한데 합함.

2 다음 문장의 밑줄 친 두 낱말을 서로 바꾸어 쓸 수 있는 것을 골라 ○표 하세요.

(1) ┌ ㉠ 도로 위에서 자동차 시동이 꺼져서(식어서) 난처했다. ················ (　　　)
　　└ ㉡ 음식 냄새를 제거하기(없애기) 위해 주방에 환풍기를 틀었다. ········· (　　　)

(2) ┌ ㉠ 전기가 많이 소비되므로(소모되므로) 플러그를 뽑아 두었다. ········· (　　　)
　　└ ㉡ 이 길은 눈이 얼어붙어서 위험하므로(안전하므로) 다른 길로 돌아가자. ·· (　　　)

(3) ┌ ㉠ 우리 농장은 여러 업체에 우유를 공급하고(제공하고) 있다. ·········· (　　　)
　　└ ㉡ 잔디에 물을 주려고 마당에 있는 수도꼭지에 호스를 연결했다(끊었다). ·· (　　　)

3 다음 문장에서 '흐르다'의 알맞은 뜻을 찾아 바르게 선으로 이어 보세요.

(1) | 교실에는 무거운 공기만 <u>흐르고</u> 있다. |　·　　　·　㉠ | 피, 땀, 눈물 따위가 몸 밖으로 넘쳐서 떨어지다. |

(2) | 그의 얼굴에는 땀이 줄줄 <u>흐르고</u> 있었다. |　·　　　·　㉡ | 공중이나 물 위에 떠서 미끄러지듯이 움직이다. |

(3) | 전봇대 근처에서는 고압 전류가 <u>흐르므로</u> 조심해야 한다. |　·　　　·　㉢ | 전기나 가스 따위가 선이나 관을 통하여 지나가다. |

차세대 전지

 **매체 독해** 다음 자료를 보고, 물음에 답해 봅시다.

1 건전지는 건조하고 서늘한 곳에 보관한다.

2 건전지의 외장 필름을 절대 벗기지 않는다.

3 일회용 건전지는 충전하여 사용하지 않는다.

4 건전지를 가열하거나 함부로 분해하지 않는다.

5 폐건전지는 반드시 폐건전지 수거함에 버려야 한다.

6 상표가 다른 것이나 종류가 다른 건전지를 혼용하지 않는다.

7 전기 기기에 들어 있는 건전지를 교체할 경우 동시에 모두 교체한다.

8 비닐 포장을 벗긴 채로 건전지를 주머니나 가방 등에 보관하지 않는다.

9 건전지를 전기 기기에 넣을 때에는 (+)극과 (-)극의 위치를 확인하고 바르게 넣는다.

10 전기 기기를 오랫동안 사용하지 않을 경우 반드시 건전지를 전기 기기에서 꺼내서 보관한다.

1 이 자료를 만든 목적은 무엇인가요? ( )

① 건전지 버리는 방법을 알려 주기 위해서

② 건전지를 오래 쓰는 방법을 알려 주기 위해서

③ 건전지 사용 시 주의 사항을 알려 주기 위해서

④ 건전지와 폐건전지의 구별 방법을 알려 주기 위해서

⑤ 우리 생활에서 건전지가 사용되는 곳을 알려 주기 위해서

2 건전지를 올바르게 사용한 친구는 누구인가요? ( )

① 예린: 폐건전지를 분해해서 버렸어.

② 지우: 건전지를 습기가 많은 화장실에 보관했어.

③ 우영: 리모컨에 들어 있는 건전지 두 개 중 하나만 교체했어.

④ 선빈: 비닐 포장을 벗긴 후에 건전지를 가방에 넣어서 보관했어.

⑤ 은유: 일회용 건전지를 다 사용한 후에 충전하지 않고 수거함에 버렸어.

전지는 전기 회로에서 전류를 흐르게 하는 역할을 하는 전기 부품을 말합니다. 세계 최초의 전지는 1800년경 이탈리아의 과학자 볼타가 발명한 볼타 전지입니다. 볼타는 구리판과 아연판 사이에 묽은 황산을 적신 천 조각을 여러 겹으로 겹쳐 최초의 화학 전지라고 할 수 있는 볼타 전지를 만들었습니다. 초기에 만든 볼타 전지는 무겁고 전압이 낮아 사람들이 사용하기에 어려움이 있었습니다. 그의 업적 때문에 볼타의 이름에서 전압의 단위 V(볼트)가 **❶**유래되었습니다.

볼타 전지 이후에 많은 과학자들이 연구하여 니켈-카드뮴 전지, 알칼리-망가니즈 전지, 수은 전지, 리튬 이온 전지 등 다양한 형태의 전지가 개발되었습니다. 최근에는 과학 기술이 발전하면서 크기가 작고, 휴대가 쉬우며, 사용 시간이 긴 전지가 개발되고 있습니다. **❷**차세대 전지에는 어떤 전지들이 있는지 알아봅시다.

태양 전지는 반도체를 이용하여 태양의 빛 에너지를 전기 에너지로 바꾸는 장치입니다. 태양의 빛 에너지를 이용하기 때문에 무한하게 사용할 수 있고, 환경 오염이나 폐기물 발생이 없어 친환경 대체 에너지로 주목받고 있습니다. 태양 전지는 수명이 길고, 유지 관리에 따른 비용이 적게 듭니다. 하지만 아직까지는 에너지 **❸**효율이 떨어진다는 단점이 있습니다.

연료 전지는 수소와 산소를 반응시켜 물을 만드는 과정에서 전기가 흐르는 것을 이용하는 장치입니다. 화학 반응을 통해 화학 에너지가 전기 에너지로 직접 전환되므로 에너지 효율이 매우 높습니다. 연료 전지에서 배출되는 물질은 물이 유일하므로 오염 물질이 발생하지 않아 친환경적입니다. 또한, 연료 전지에는 수소뿐만 아니라 천연가스, 메탄올 등 다양한 연료를 사용할 수 있어 전지 개발에 필요한 자원을 확보하기가 쉽습니다. 그러나 아직까지는 연료인 수소를 생산하는 데 비용이 많이 들고, 수소를 안전하게 보관하고 운송하기가 어렵다는 단점이 있습니다.

리튬 **❹**고분자 전지는 외부 전원을 이용하여 충전해서 **❺**반영구적으로 사용하는 전지입니다. 리튬 금속을 전지의 극으로 하고 양극 사이에 고체나 젤 형태의 물질을 넣어 전기 에너지를 만듭니다. **❻**외장을 단단한 금속으로 만들 필요가 없기 때문에 얇은 두께로 만드는 것이 가능합니다. 그래서 전지를 용도에 따라 다양한 크기와 모양으로 만들 수 있습니다. 리튬 고분자 전지는 기존 전지에 비해 무게가 가볍고, 전지가 파손되어도 폭발할 우려가 거의 없습니다. 하지만 이 전지는 **❼**저온 환경에서 성능이 떨어지는 단점이 있고, 리튬 이온 전지에 비해 가격이 비싼 편입니다.

----

❶ 유래: 사물이 생겨나거나 전하여 온 내력.

❷ 차세대: 지금 세대가 지난 다음 세대.

❸ 효율: 들인 노력과 얻은 결과의 비율.

❹ 고분자: 분자가 기본 단위의 반복으로 이루어진 화합물.

❺ 반영구: 어떤 상태가 시간상으로 거의 무한에 가깝게 이어짐.

❻ 외장: 겉에 하는 포장.

❼ 저온: 낮은 온도.

1 다음 빈칸에 공통으로 들어갈 알맞은 낱말을 넣어 이 글의 제목을 완성하세요.

세계 최초의 (　　　　　　　)와/과 차세대 (　　　　　　　)

2 이 글을 읽고 대답할 수 없는 질문은 무엇인가요?　　　　　　　　　　(　　　　)

① 태양 전지의 장점은 무엇인가요?
② 리튬 고분자 전지의 대안은 무엇인가요?
③ 전기 회로에서 전지의 역할은 무엇인가요?
④ 볼타 전지 이후로는 어떤 전지가 개발되었나요?
⑤ 연료 전지가 친환경 전지인 까닭은 무엇인가요?

3 전압의 단위가 볼타의 이름에서 유래된 까닭을 옳게 설명한 친구의 이름을 쓰세요.

• 혜영: 그가 최초로 전지를 만들었기 때문이야.
• 승우: 그가 최초로 무공해 전지를 만들었기 때문이야.
• 수연: 그가 최초로 휴대하기 쉬운 전지를 만들었기 때문이야.

(　　　　　　　　　　　)

4 다음은 태양 전지를 소개하는 자료입니다. 빈칸에 들어갈 알맞은 말을 쓰세요.

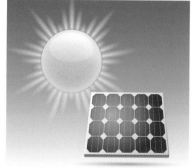

태양 전지는 반도체를 이용하여 (　　⊙　　) 에너지를 (　　ⓒ　　) 에너지로 바꾸는 전지입니다.

⊙: (　　　　　　　　), ⓒ: (　　　　　　　)

5 연료 전지에 대한 설명으로 알맞은 것은 무엇인가요?　　　　　　　(　　　)

① 전기 에너지가 화학 에너지로 전환된다.

② 무겁고 전압이 높지 않아 사람들이 사용하지 않는다.

③ 묽은 황산과 구리판, 아연판을 이용하여 만든 전지이다.

④ 수소 대신 천연가스, 메탄올 등 다양한 연료를 사용할 수 있다.

⑤ 리튬 금속으로 된 양극 사이에 고체나 젤 형태의 물질을 넣어서 만든다.

6 연료 전지의 상용화가 어려운 까닭은 무엇인가요? (정답 2개)　　　　　(　　　)

① 수소와 산소가 만나 물이 생기기 때문이다.

② 수소를 전기 에너지로 바꾸는 효율이 낮기 때문이다.

③ 수소를 안전하게 보관하고 운송하기가 어렵기 때문이다.

④ 전지 개발에 필요한 연료를 확보하는 데 많은 비용이 들기 때문이다.

⑤ 전기 에너지를 만드는 과정에서 유해한 오염 물질이 많이 나오기 때문이다.

7 리튬 고분자 전지에 대한 설명으로 옳은 것을 에서 모두 골라 기호를 쓰세요.

> **보기**　　ㄱ 전지를 금속 외장에 꼭 넣어서 사용해야 한다.
> ㄴ 용도에 따라 다양한 크기와 모양으로 만들 수 있다.
> ㄷ 기존 전지에 비해 가볍고 매우 얇은 두께로 만드는 것이 가능하다.
> ㄹ 외부 전원을 이용하여 충전해야 하므로 여러 차례 사용하기는 어렵다.

(　　　)

 파르티아 전지

1936년에 이라크의 바그다드 근처에서 철로를 건설하는 인부들이 전지와 유사한 형태의 진흙 단지를 발견하였습니다. 진흙 단지 안에는 구리 원통에 둘러싸인 철 막대가 들어 있었습니다. 이 단지는 볼타 전지의 구조와 매우 비슷하며 속에 식초를 채웠을 것으로 추정됩니다. 약 2000여 년 전 파르티아 제국 시대의 것으로 알려져, 파르티아 전지라는 이름이 붙었습니다.

1 다음 밑줄 친 낱말의 알맞은 뜻을 **보기** 에서 찾아 기호를 쓰세요.

> **보기**
> ㉠ 낮은 온도.
> ㉡ 지금 세대가 지난 다음 세대.
> ㉢ 들인 노력과 얻은 결과의 비율.
> ㉣ 사물이 생겨나거나 전하여 온 내력.

(1) 그는 차세대 음악인으로 주목받고 있다. ( )
(2) 이 물건은 영도 이하의 저온에서 보관해야 한다. ( )
(3) 이 책에는 다양한 지명의 유래가 소개되어 있다. ( )
(4) 새로 산 냉장고는 에너지 효율이 높아 전보다 전기를 절약할 수 있다. ( )

2 다음 문장에 들어갈 알맞은 낱말을 골라 ○표 하세요.

(1)
청동기와 문자의 (발견 / 발명)에 따라 문명이 발달하였다.
오랫동안 땅속에 묻혀 있었던 보물을 (발견 / 발명)하였다.

(2)
재판에 앞서 충분한 증거를 (확대 / 확보)해야 한다.
현미경으로 미세한 물체를 (확대 / 확보)하여 관찰할 수 있다.

(3)
무용수가 멋진 춤을 추자 많은 사람이 (주목 / 주의)하였다.
임산부는 약물을 복용할 때 특별히 (주목 / 주의)해야 한다.

3 다음 문장에서 밑줄 친 낱말이 어떤 뜻으로 사용되었는지 번호를 쓰세요.

전원
① 논과 밭이라는 뜻으로, 도시에서 떨어진 시골이나 교외를 이르는 말.
② 소속된 인원의 전체.
③ 전기 코드의 콘센트 따위와 같이 기계 등에 전류가 오는 원천.

(1) 잠시 후 6학년 전원은 운동장으로 모여 주세요. ( )
(2) 외출하기 전에 전자 제품의 전원을 다 껐는지 확인했다. ( )
(3) 도시 생활에 지친 그는 잠시 전원으로 돌아와서 생활 중이다. ( )

전기를 효율적이고, 안전하게 사용하기

매체 독해 다음 공익 광고를 보고, 물음에 답해 봅시다.

*출처: 한국방송광고진흥공사

1 두 공익 광고의 공통 주제를 골라 ○표 하세요.

전기 에너지를 절
약하자. ☐

전기를 안전하게
사용하자. ☐

플러그를 콘센트에
꽂아 두자. ☐

콘센트와 플러그
모양을 확인하자. ☐

2 이 공익 광고의 내용과 관련이 깊은 행동을 한 경우는 어느 것인가요?　　（　　　　）

① 대기 전력이 없는 가전제품을 구매한다.

② 물 묻은 손으로 플러그를 만지지 않는다.

③ 가전제품이 고장 나면 버리기보다 고쳐 쓴다.

④ 플러그를 뽑을 때에는 전선을 잡아당기지 않는다.

⑤ 한 콘센트에 플러그 여러 개를 꽂아서 사용하지 않는다.

전기 기구는 우리 생활을 편리하게 해 주지만 전기 기구를 사용하려면 전기 에너지가 필요합니다. 전기 에너지는 화석 연료나 원자력을 이용하여 만드는데, 이와 같은 자원들은 매장량이 한정되어 있습니다. 그리고 전기 에너지를 생산하는 과정에서 나오는 이산화 탄소로 인해 환경 오염 문제가 발생하므로 우리는 전기 에너지를 효율적으로 이용해 절약해야 합니다. 전기 에너지를 어떻게 해야 절약할 수 있는지를 알아봅시다.

'에너지 효율'이란 전기 기구에 공급된 전기 에너지 가운데 실제로 필요한 에너지로 바뀐 **❶**비율, 즉 전기 에너지가 유용한 에너지로 전환되는 정도를 나타낸 것입니다. 대부분의 전기 기구에는 에너지를 효율적으로 이용하는 정도에 따라 에너지 소비 효율 등급이 표시되어 있습니다. 에너지 소비 효율 등급은 1등급에서 5등급으로 나타내며, 1등급 제품은 5등급 제품에 비하여 약 30~40 %의 에너지를 절약할 수 있습니다. 1등급에 가까운 제품일수록 에너지 절약 효과가 커 전기 요금이 적게 나오므로, 에너지 소비 효율 등급이 높은 전기 기구를 구입해야 합니다.

전기 기구가 전원에 연결되어 있을 때에는 전기 기구를 사용하지 않는 대기 상태에서도 전기 에너지가 소모되는데, 이를 대기 전력이라고 합니다. 그러므로 사용하지 않는 전기 기구는 콘센트에서 플러그를 뽑아 두는 것이 좋습니다. 전자레인지나 컴퓨터와 같은 전기 기구를 구매할 때에는 대기 전력 기준을 만족한 제품이라는 뜻의 '에너지 절약' 마크가 부착된 제품을 구매하는 것이 좋습니다. 이 밖에도 전기 에너지가 많이 소비되는 전기 기구의 사용 시간을 줄여야 하며, 냉장고에 음식을 가득 채우지 않고, 뜨거운 음식은 식혀서 넣어야 합니다.

전기를 안전하게 사용하지 않으면 감전 사고가 일어나거나 합선으로 인해 화재가 일어날 수 있습니다. 그러므로 전기 에너지를 절약하는 것만큼 전기를 안전하게 사용하는 것도 매우 중요합니다. 전기를 안전하게 사용하기 위한 방법을 알아봅시다.

가전제품 뒷면이나 측면에는 **❷**정격 전압이 표시되어 있는데, 가전제품을 안전하게 사용하려면 정격 전압에 연결해서 사용해야 합니다. 한 콘센트에 여러 개의 플러그를 동시에 연결하면 전선에 너무 센 전류가 흘러 열이 발생하여 화재가 날 수 있습니다. 따라서 전기 기구를 한 콘센트에 문어발식으로 꽂아 사용해서는 안 됩니다. 또한 **❸**피복이 벗겨진 전선은 합선의 위험이 있으므로 사용하지 않아야 하며, 젖은 손으로 전기 기구를 만지면 감전의 위험이 있으므로 특히 주의해야 합니다. 화장실과 같이 물기가 많은 곳에서는 전기 기구를 **❹**접지하여 사용하거나 콘센트에 물이 들어가지 않도록 뚜껑을 덮어야 합니다. 마지막으로 전기 안전 수칙을 잘 지켜 안전하게 전기를 사용하는 습관을 길러야 합니다.

---

❶ 비율: 다른 수나 양에 대한 어떤 수나 양의 비.

❷ 정격: 전기 기구를 만들 때 따르는 정해진 규격.

❸ 피복: 거죽을 덮어씌움. 또는 그런 물건.

❹ 접지: 전기 회로를 구리선 따위의 도체로 땅과 연결함.

1 이 글에서 설명하는 내용이 <u>아닌</u> 것은 무엇인가요? ( )

① 에너지 소비 효율 등급

② 전기 안전과 관련된 법

③ 전기 에너지를 절약하는 방법

④ 전기를 안전하게 사용하는 방법

⑤ 전기 에너지를 절약해야 하는 까닭

2 전기 에너지와 관련된 설명으로 알맞지 <u>않은</u> 것은 무엇인가요? ( )

① 전기 에너지는 우리 삶에 편리함을 제공해 준다.

② 원자력을 이용하면 전기 에너지를 무한정 생산할 수 있다.

③ 전기 에너지는 잘못 사용할 경우 인명 피해를 가져올 수 있다.

④ 전기 에너지는 다른 에너지로 전환되는 과정에서 손실이 발생한다.

⑤ 전기 에너지를 올바로 사용하기 위해서는 전기 안전 수칙을 지켜야 한다.

3 에너지 효율의 뜻을 <u>잘못</u> 이해한 친구를 골라 ○표 하세요.

수진: 전기 기구에 공급된 전기 에너지 가운데 실제로 필요한 에너지로 바뀐 비율을 말해.

☐

연주: 전기 기구에 공급된 전기 에너지가 유용한 에너지로 전환되는 정도를 나타낸 거야.

☐

민승: 전기 기구가 전원에 연결되어 있을 때 스위치를 켜지 않아도 전기 에너지가 소비되는 정도를 말해.

☐

4 다음 그림은 어떤 냉장고에 붙어 있는 에너지 소비 효율 등급입니다. 이에 대해 알맞게 설명한 것은 무엇인가요? (비교하는 제품은 다른 조건은 모두 같고, 에너지 소비 효율 등급만 다르다고 가정합니다.) ( )

① 이 냉장고보다 2등급으로 표시된 냉장고를 사는 것이 더 좋다.

② 이 냉장고는 3등급으로 표시된 냉장고보다 에너지 절약 효과가 낮다.

③ 이 냉장고는 4등급으로 표시된 냉장고보다 전기 요금이 많이 나온다.

④ 이 냉장고는 2등급으로 표시된 냉장고보다 더 많은 에너지를 소비한다.

⑤ 이 냉장고는 5등급으로 표시된 냉장고보다 약 30~40 %의 에너지를 아낄 수 있다.

5 전기 에너지를 절약한 경우가 <u>아닌</u> 것은 무엇인가요? (   )

① '에너지 절약' 마크가 붙어 있는 가전제품을 구매한다.

② 전기 에너지가 많이 소비되는 제품의 사용 시간을 줄인다.

③ 장시간 사용하지 않는 전기 기구는 콘센트에서 플러그를 뽑아 둔다.

④ 전기 기구를 구입할 때에는 에너지 소비 효율 등급을 고려해서 구입한다.

⑤ 냉장고 안에 음식을 가득 채우고, 뜨거운 음식을 냉장고 안에 그대로 넣는다.

6 한 개의 콘센트에 전기 기구를 동시에 많이 연결하면 안 되는 까닭을 바르게 설명한 친구는 누구
인가요? (   )

① 수아: 전기 기구의 대기 전력이 감소하기 때문이야.

② 준수: 전선에 너무 센 전류가 흘러서 화재가 발생할 수 있기 때문이야.

③ 혜인: 전선에서 전류가 흘러나와 감전 사고가 일어날 수 있기 때문이야.

④ 도민: 에너지가 전환되는 과정에서 에너지 손실이 생길 수 있기 때문이야.

⑤ 은지: 여러 개의 전기 기구에 전압이 나누어지므로 전기 기구가 제대로 작동하지 않기 때
문이야.

7 전기를 안전하게 사용하는 방법으로 옳은 것은 ○표, 옳지 <u>않은</u> 것은 ×표 하세요.

(1) 물기가 있는 손으로 전기 기구를 만지지 않는다. (   )

(2) 물기가 많은 곳에서는 전기 기구를 접지하여 사용한다. (   )

(3) 전기 기구를 정격 전압보다 높은 전압에 연결해 사용한다. (   )

(4) 전선에서 피복이 벗겨진 부분은 셀로판테이프로 감아서 사용한다. (   )

1 다음 낱말의 뜻으로 알맞은 것을 바르게 선으로 이어 보세요.

(1) 접지 • • ㉠ 거죽을 덮어씌움. 또는 그런 물건.

(2) 정격 • • ㉡ 전기 기구를 만들 때 따르는 정해진 규격.

(3) 피복 • • ㉢ 전기 회로를 구리선 따위의 도체로 땅과 연결함.

2 다음 문장의 밑줄 친 낱말과 짝을 이룬 낱말이 비슷한 뜻을 가지면 '비', 반대의 뜻을 가지면 '반'이라고 쓰세요.

(1) 새로운 화장품을 <u>구매했다</u>. 구매하다 — 구입하다 (   )

(2) 음식을 <u>식혀서</u> 냉장고에 넣었다. 식히다 — 데우다 (   )

(3) 물을 <u>절약하기</u> 위해 양치할 때 컵을 사용한다. 절약하다 — 낭비하다 (   )

(4) 그는 협상이 잘 마무리되어 <u>만족한</u> 얼굴로 방을 나섰다. 만족하다 — 흡족하다 (   )

3 다음 빈칸에 들어갈 알맞은 낱말을 보기 에서 찾아 쓰세요.

| 보기 | 등급 | 수칙 | 측면 | 한정 | 합선 |

(1) 건물의 _____에는 광고물이 설치되어 있다.

(2) 그는 심사 위원들로부터 최고 _____을 받았다.

(3) 어제 우리 집은 전기 _____으로 불이 날 뻔했다.

(4) 작업 현장에서는 안전 _____을 반드시 지켜야 한다.

(5) 이 상품은 인기가 너무 많아서 1인당 구매 가능 수량에 _____을 두었다.

도선 주위에서 나침반 바늘은 어떻게 될까요?

매체 독해 다음 문자 메시지의 대화 내용을 보고, 물음에 답해 봅시다.

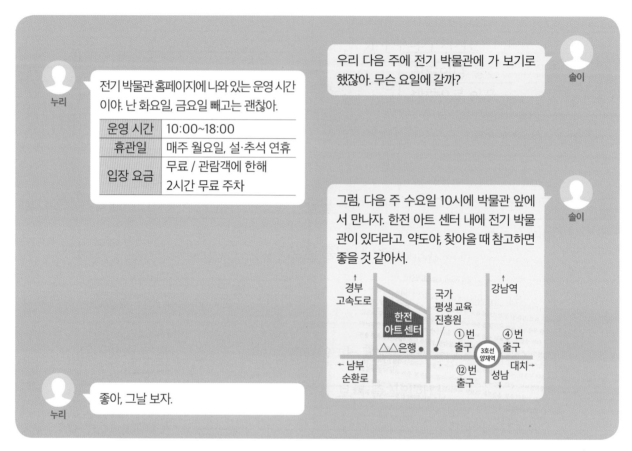

솔이: 우리 다음 주에 전기 박물관에 가 보기로 했잖아. 무슨 요일에 갈까?

누리: 전기 박물관 홈페이지에 나와 있는 운영 시간이야. 난 화요일, 금요일 빼고는 괜찮아.

운영 시간	10:00~18:00
휴관일	매주 월요일, 설·추석 연휴
입장 요금	무료 / 관람객에 한해 2시간 무료 주차

솔이: 그럼, 다음 주 수요일 10시에 박물관 앞에서 만나자. 한전 아트 센터 내에 전기 박물관이 있더라고. 약도야, 찾아올 때 참고하면 좋을 것 같아서.

누리: 좋아, 그날 보자.

---

1 이 대화 내용으로 알 수 있는 전기 박물관의 정보가 <u>아닌</u> 것은 무엇인가요? (　　　　)

① 휴관일　　　　② 입장 요금　　　　③ 주요 전시물
④ 관람 가능 시간　　　　⑤ 주차 가능 여부

---

2 약속 시간과 장소, 찾아가는 길을 메모한 내용입니다. 빈칸에 들어갈 알맞은 말을 쓰세요.

- 만나는 요일: 다음 주 (　　　　　　)요일
- 만나는 시간: 오전 (　　　　　)시
- 만나는 장소: 전기 박물관 앞
- 찾아가는 길: 양재역 (　　　　　　)번 출구로 나옴. → 국가 평생 교육
  진흥원과 △△ 은행 사이로 직진 → 좌측에 한전 아트 센터

막대자석을 나침반 가까이에 가져가면 나침반 바늘이 움직입니다. 나침반 바늘도 [㉠]이라서 막대자석과 나침반 바늘 사이에 힘이 작용하기 때문입니다. 막대자석 대신 전류가 흐르는 도선을 나침반에 가까이 가져가도 나침반 바늘이 움직이는데, 전류가 흐르는 도선 주위에 자석의 성질이 나타나기 때문입니다. 이때 도선에 연결된 전지의 극을 반대로 연결하여 도선에 흐르는 전류의 방향을 바꾸어 주면 나침반 바늘이 움직이는 방향도 바뀝니다. 이처럼 **❶**자기와 전기가 서로 관련이 있다는 것을 처음 발견한 사람은 덴마크의 과학자 외르스테드입니다.

1820년 외르스테드는 학생들에게 전류가 흐르면 도선이 뜨거워지는 현상을 보여 주기 위해 실험을 하던 중 도선 옆에 놓여 있던 나침반 바늘이 움직이는 것을 우연히 발견하였습니다. 이후 그는 여러 번에 걸쳐 실험을 한 다음에 전류가 흐르는 도선 주위에 자석의 성질이 나타난다는 사실을 발표하였습니다.

전자석은 영국의 과학자 스터전이 처음 만들었습니다. 전자석이란 전류가 흐르는 도선 주위에 자석의 성질이 나타나는 것을 이용하여 만든 자석으로, 전류가 흐를 때만 일시적으로 자석의 성질이 나타납니다. 전류가 흐르는 동안에는 N극과 S극이 나타나며, 전자석에 연결된 전지의 극을 반대로 하여 전류가 흐르는 방향을 바꾸어 주면 전자석의 극도 바뀝니다. 전자석은 도선을 코일 모양으로 감아서 전기 회로와 연결하여 만드는데, 직렬로 연결한 전지의 개수나 도선을 감은 횟수 등을 다르게 해서 전자석의 세기를 조절할 수 있습니다. 전자석의 세기는 직렬로 연결된 전지의 개수가 많을수록, 도선을 촘촘하게 많이 감을수록 더 세집니다.

❷초인종, 전자석 **❸**기중기, **❹**전동기 등은 전자석의 성질을 이용하여 만든 전기 기구들입니다. 초인종은 전자석이 철을 끌어당기는 성질을 이용하여 전류가 흐를 때만 전자석이 종을 끌어당겨 벨을 울립니다. **❺**고철을 운반하는 전자석 기중기 안에는 전선과 연결된 코일이 여러 개 들어 있습니다. 그래서 코일에 전류가 흐르면 고철이 전자석에 달라붙고, 전류를 차단하면 고철이 전자석에서 분리됩니다. 전동기는 전기 에너지를 일로 바꾸어 주는 장치로, 코일과 영구 자석으로 구성되어 있습니다. 코일에 전류를 공급하면 자석의 성질이 나타나는데, 이때 영구 자석과 전자석 사이에 작용하는 힘을 이용해 코일을 회전시켜서 기계를 작동시킵니다. 선풍기와 헤어드라이어는 전동기를 회전시켜 바람을 만들어 냅니다. 스피커는 전자석과 영구 자석이 밀고 당기면서 얇은 판을 떨리게 해 소리를 발생시킵니다.

----

❶ 자기: 쇠붙이를 끌어당기거나 남북을 가리키는 등 자석이 갖는 작용이나 성질.

❷ 초인종: 사람을 부르는 신호로 울리는 종.

❸ 기중기: 무거운 물건을 들어 올려 아래위나 수평으로 이동시키는 기계.

❹ 전동기: 전기 에너지로부터 회전력을 얻는 기계.

❺ 고철: 아주 낡고 오래된 쇠. 또는 그 조각.

1 이 글을 읽고 ㉠에 들어갈 알맞은 말을 글에서 찾아 쓰세요.

(   )

2 전류가 흐르는 도선 주위에 나침반을 가까이 가져갔을 때, 나침반 바늘이 움직이는 까닭은 무엇인가요?   (   )

① 지구가 커다란 자석이기 때문이다.

② 나침반 바늘이 전지의 역할을 하기 때문이다.

③ 나침반이 자석의 성질을 잃어 버리기 때문이다.

④ 전류가 흐르는 도선 주위에 자석의 성질이 나타나기 때문이다.

⑤ 전류가 흐르는 도선에서 나침반 바늘로 전류가 흐르기 때문이다.

3 도선에 흐르는 전류의 방향을 바꾸는 방법으로 옳은 것은 무엇인가요? (   )

① 도선의 색깔을 바꾼다.

② 도선의 길이를 길게 한다.

③ 전지의 극을 반대로 연결한다.

④ 전지 근처에 철 클립을 놓는다.

⑤ 전지 두 개를 직렬로 연결한다.

4 외르스테드에 대한 설명으로 알맞지 <u>않은</u> 것은 무엇인가요? (   )

① 덴마크의 과학자로 학생들을 가르치는 일도 했다.

② 자기와 전기의 관련성을 밝혀낸 것은 1820년경이다.

③ 자기와 전기가 서로 관련이 있다는 것을 처음 발견한 사람이다.

④ 우연한 발견을 계기로 여러 번의 실험 후 새로운 사실을 발표하였다.

⑤ 전류가 흐르는 도선 주위에 자석의 성질이 나타나는 것을 이용해 전자석을 처음 만들었다.

5 전자석의 성질이 <u>아닌</u> 것은 무엇인가요? ( )

① 항상 자석의 성질을 가진다.

② 전류가 흐르면 N극과 S극이 나타난다.

③ 전류의 방향을 바꾸어 극의 방향을 바꿀 수 있다.

④ 도선을 촘촘하게 많이 감을수록 전자석이 더 세진다.

⑤ 직렬로 연결된 전지의 개수가 많을수록 전자석이 더 세진다.

6 전동기에 대한 설명으로 옳은 것을 에서 모두 고른 것은 어느인가요? ( )

> 보기
> ⓐ 일을 전기 에너지로 바꾸어 주는 장치이다.
> ⓑ 내부는 코일과 영구 자석으로 구성되어 있다.
> ⓒ 코일에 전류가 흐르면 코일 주위에 자석의 성질이 나타난다.
> ⓓ 코일 주위에서 자석을 움직이면 코일에 전류가 흐르는 현상을 이용해서 만든 장치이다.

① ⓐ, ⓑ   ② ⓐ, ⓓ   ③ ⓑ, ⓒ   ④ ⓑ, ⓓ   ⑤ ⓒ, ⓓ

7 전자석을 이용한 전기 기구에 대한 설명으로 알맞지 <u>않은</u> 것은 무엇인가요? ( )

① 초인종 속에는 전자석이 들어 있어서 전류가 흐를 때만 벨이 울린다.

② 선풍기는 전자석을 이용한 전동기가 날개를 회전시켜 바람을 일으킨다.

③ 헤어드라이어는 영구 자석과 전자석 사이에 작용하는 힘을 이용해 바람을 만든다.

④ 스피커는 전자석과 영구 자석이 밀고 당기면서 얇은 판을 떨리게 해 소리를 발생시킨다.

⑤ 전자석 기중기 안에는 영구 자석이 들어 있어 철판이 영구 자석에 달라붙는 성질을 이용하여 고철을 옮긴다.

전동기와 발전기의 차이점
전동기는 자석 사이에 있는 코일에 전류가 흐르면 코일이 힘을 받아 회전하는 것을 이용한 장치이고, 발전기는 자석 사이에서 코일을 회전시키면 코일에 전류가 흐르게 되는 원리를 이용한 장치입니다.

1 다음 밑줄 친 낱말의 알맞은 뜻을 보기 에서 찾아 기호를 쓰세요.

> 보기
> ㉠ 사람을 부르는 신호로 울리는 종.
> ㉡ 아주 낡고 오래된 쇠. 또는 그 조각.
> ㉢ 무거운 물건을 들어 올려 아래위나 수평으로 이동시키는 기계.

(1) 민이는 고철을 팔기 위해 고물상으로 갔다.   (   )
(2) 기중기가 고장 나서 한동안 작업이 중단되었다.   (   )
(3) 초인종이 울리자 모두들 현관 쪽으로 눈을 돌렸다.   (   )

2 다음 문장의 밑줄 친 낱말을 바르게 고쳐 쓰세요.

(1) 그는 전셋방을 구하고 있다.   ➜ (   )

(2) 이 공연은 회수를 거듭할수록 관객들의 호응이 좋다.   ➜ (   )

(3) 이 탐스러운 열매들은 농부의 노력과 땀의 댓가이다.   ➜ (   )

(4) 내가 자리를 잡은 차간에는 여행을 가는 가족이 있었다. ➜ (   )

3 다음 밑줄 친 낱말이 같은 뜻으로 쓰인 문장을 바르게 선으로 이어 보세요.

(1) 전학 간 친구에게 편지를 띄웠다.   ·   · ㉠ 우리는 자리를 한 칸 씩 띄워 앉았다.

(2) 아빠는 누룩을 띄워 술을 담그셨다.   ·   · ㉡ 할머니는 마당에서 메주를 띄우고 계셨다.

(3) 나무를 심을 때는 간격을 띄워서 심어야 한다. ·   · ㉢ 민아는 방송국에 사연을 띄워 보기로 결심했다.

신나는 퍼즐 퍼즐

가로세로 퍼즐을 완성하며, **주제1**에서 공부한 용어의 뜻을 다시 한번 떠올려 봐요.

가로 열쇠

❶ 물체가 띠고 있는 정전기의 양.

❸ 무거운 물건을 들어 올려 아래위나 수평으로 이동시키는 기계.

❹ 전지나 전기를 띤 물체에서 전기가 외부로 흘러나오는 현상.

❻ 물체에 대전체(전기를 띠는 물체)를 가까이 하면 대전체와 가까운 쪽에는 대전체와 반대 종류의 전하가 모이고, 먼 쪽에는 대전체와 같은 종류의 전하가 모이는 현상.

❿ 전기 회로에서 전지 두 개 이상을 서로 다른 극끼리 연결하는 방법.

⓬ 물질 안에서 흐르는 전기.

세로 열쇠

❶ 전기 에너지로부터 회전력을 얻는 기계.

❷ 전원을 꺼 둔 상태에서도 전기 제품이 자체 적으로 소모하는 전력.

❺ 쇠붙이를 끌어당기거나 남북을 가리키는 등 자석이 갖는 작용이나 성질.

❼ 전류가 흐르는 도선 주위에 자석의 성질이 나타나는 것을 이용하여 만든 자석.

❽ 주의나 흥미를 일으켜 끌어냄.

❾ 전기 회로에서 전지 두 개 이상을 서로 같은 극끼리 연결하는 방법.

⓫ 전기가 통하고 있는 물체에 몸이 닿아 충격 을 받음.

이번 주에 공부할 내용에 대한
주간 학습 계획을 세워 보세요.

7 일차

1장 우리 몸에 꼭 필요한 산소

정답 확인

하루한장 앱에서
학습 인증하고
하루템을 모으세요!

 **매체 독해** 다음 포스터를 보고, 물음에 답해 봅시다.

생명을 살리는 **4분**의 기적

심폐 소생술 3가지만 기억하세요

심폐 소생술은 심정지 환자 발생 시 생명을 살리는 방법입니다. 심정지 환자는 4분 이내에 심폐 소생술을 실시하지 않으면 산소가 뇌로 공급되지 못해 뇌세포 손상 및 사망까지 이르게 됩니다. 급박한 심정지 상황에서 아래 3가지만 기억해 두면 누구나 두려움 없이 심폐 소생술을 시행할 수 있습니다.

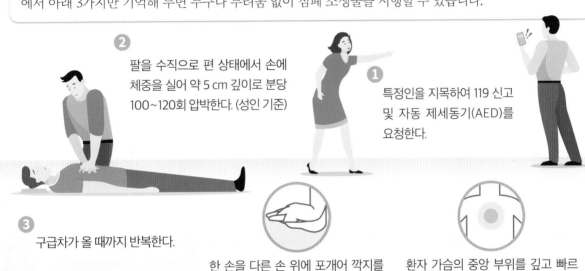

② 팔을 수직으로 편 상태에서 손에 체중을 실어 약 5 cm 깊이로 분당 100~120회 압박한다. (성인 기준)

① 특정인을 지목하여 119 신고 및 자동 제세동기(AED)를 요청한다.

③ 구급차가 올 때까지 반복한다.

한 손을 다른 손 위에 포개어 깍지를 끼고 아래 손바닥은 편다.

환자 가슴의 중앙 부위를 깊고 빠르게 중단 없이 압박한다.

1 심폐 소생술과 관련된 기체를 골라 ○표 하세요.

질소 ☐   산소 ☐   헬륨 ☐   이산화 탄소 ☐

2 이 포스터에 나온 심폐 소생술에 대한 설명으로 옳지 <u>않은</u> 것은 무엇인가요?   (   )

① 심폐 소생술은 심정지 후 4분 이내에 이루어져야 한다.

② 환자 가슴의 중앙 부위를 1분 동안만 빠르게 압박한다.

③ 성인의 경우 약 5 cm 깊이로 분당 100~120회 가슴을 압박한다.

④ 가슴 압박을 시작하면 구급차가 올 때까지 계속 반복해서 시행한다.

⑤ 주변에 다른 사람이 있을 경우 특정인을 지목하여 119 신고를 요청한다.

(가) 대부분의 생물은 호흡을 하며 살아갑니다. 이때 필요한 기체가 바로 산소입니다. 호흡을 통해 얻은 산소를 이용하여 에너지를 얻으므로 산소는 생물이 생명을 유지하는 데 꼭 필요한 기체라고 볼 수 있습니다. 그래서 산소를 생명의 기체라고도 부릅니다. 산소는 공기의 약 21 %를 차지하며, 냄새와 색깔이 없습니다. 이 외에 산소는 또 어떤 성질이 있을까요?

(나) 산소는 다른 물질과 잘 반응하는 성질이 있습니다. 우리 주변에서 철로 된 물건이 녹슬어 있는 것을 본 적이 있을 것입니다. 이것은 철이 공기 중의 산소와 반응하여 붉은 녹을 형성하기 때문인데, 이렇게 물질이 산소와 결합하는 현상을 '산화'라고 합니다. 철이 녹스는 것을 ❶방지하려면 산소와의 접촉을 차단해야 합니다. ㉠철로 된 물건에 기름이나 페인트를 칠하면 녹이 덜 생깁니다.

(다) 껍질을 깎은 사과나 바나나를 공기 중에 오래 두면 ❷갈변이 일어나는 것도 산화의 예입니다. 이것은 과일 속 ❸효소가 공기 중의 산소와 만나 갈색으로 변한 것입니다. 또, 일회용 손난로를 흔들면 손난로 안의 철 가루가 산화되면서 열이 발생합니다. 이와 같이 다른 물질과의 반응성이 큰 산소의 성질을 이용하여 금속을 ❹용접하고 절단할 수도 있습니다. 아세틸렌이라는 물질과 산소가 반응하면 높은 온도의 열과 불꽃이 발생합니다. 이때 발생한 불꽃으로 금속을 녹여 다른 금속에 붙이거나, 원하는 크기로 금속을 자를 수 있습니다.

(라) 산소는 스스로 타지 않지만 물질이 타기 위해 꼭 필요합니다. 산소가 가득 차 있는 집기병에 향불을 넣으면 불꽃이 커지는 것을 볼 수 있습니다. 이를 통해 산소는 다른 물질이 타도록 도와주는 기체라는 것을 알 수 있습니다. 반대로 산소가 없으면 물질이 탈 수 없습니다. 그래서 화재가 발생한 경우 불을 끄기 위해 소화기를 사용하거나 ❺불연성 재질의 천으로 덮어 산소를 차단합니다.

(마) 산소는 생명을 유지시키는 의료 분야뿐만 아니라 산업에서도 중요하게 활용되는 기체입니다. 산소 호흡기는 호흡이 어려운 사람의 생명을 유지시키는 의학적 용도로 사용되기도 하고, 잠수부나 고산 등반가, 우주인의 활동에도 사용됩니다. 또 산소는 액체화하여 로켓의 연료나 전지를 만드는 데 사용되기도 합니다. 하지만 우리 몸속으로 들어온 산소 중 일부는 여러 작용을 하는 과정에서 해로운 산소로 변합니다. 이것은 우리 몸속에서 산화 작용을 일으켜 세포를 손상시킵니다. 이처럼 산소는 우리 삶에 유용한 기체이지만 경우에 따라서는 인체에 유해한 기체가 되기도 합니다.

---

❶ **방지**: 어떤 일이나 현상이 일어나지 못하게 막음.
❷ **갈변**: 과일이나 채소 따위를 칼로 깎았을 때, 그 부분이 갈색으로 변하는 일.
❸ **효소**: 생물의 세포 안에서 합성되어 몸속에서 일어나는 여러 반응에 참여해 촉매(자신은 변하지 않으면서 다른 화학 반응의 빠르기를 변화시키는 물질) 역할을 하는 단백질의 일종.
❹ **용접**: 두 개의 금속·유리·플라스틱 따위를 녹이거나 반쯤 녹인 상태에서 서로 이어 붙이는 일.
❺ **불연성**: 불에 타지 않는 성질.

1 이 글의 중심 낱말은 무엇인지 쓰세요.

(   )

2 이 글을 읽고 대답할 수 있는 질문이 <u>아닌</u> 것은 무엇인가요? (   )

① 산화란 어떤 현상을 의미하나요?
② 산소를 생명의 기체라고 부르는 까닭은 무엇인가요?
③ 산소 외에 공기를 구성하는 성분에는 무엇이 있나요?
④ 사과의 껍질을 깎아서 놓아두면 왜 갈색으로 변하나요?
⑤ 불을 끄려고 할 때 산소를 차단하는 까닭은 무엇인가요?

3 이 글의 내용과 일치하지 <u>않는</u> 것은 무엇인가요? (   )

① 물질이 타기 위해서는 산소가 꼭 필요하다.
② 생물들은 산소를 이용하여 에너지를 얻는다.
③ 산소는 생명 유지와 관련된 분야에만 활용된다.
④ 산소가 다른 물질과 반응하면 열이 발생하기도 한다.
⑤ 산소는 공기의 약 21 %를 차지하며 색깔과 냄새가 없다.

4 (다) 문단의 서술 방식을 알맞게 설명한 것은 무엇인가요? (   )

① 산화가 일어나는 구체적인 예를 제시하고 있다.
② 산화의 여러 가지 문제점을 분석하여 설명하고 있다.
③ 산소 이용에 대한 찬성과 반대의 입장을 소개하고 있다.
④ 전문가의 의견을 인용하여 산소의 필요성을 강조하고 있다.
⑤ 다른 물질과의 반응성이 큰 산소를 다룰 때 주의해야 할 점을 소개하고 있다.

5 ㉠의 근본적인 이유로 가장 적절한 것은 무엇인가요? (   )

① 기름이나 페인트가 붉은 녹을 흡수하기 때문에

② 기름이나 페인트가 산소와의 접촉을 넓히기 때문에

③ 기름이나 페인트가 철로 된 물건과 반응하기 때문에

④ 기름이나 페인트가 공기 중의 산소를 제거하기 때문에

⑤ 기름이나 페인트가 공기 중의 산소와 직접 닿는 것을 막기 때문에

6 산소를 활용한 사례로 옳은 것을 에서 모두 골라 기호를 쓰세요.

> 보기
> ⓐ 화재를 진압할 때 소화기를 사용한다.
> ⓑ 호흡이 곤란한 환자에게 인공호흡기를 단다.
> ⓒ 두 금속을 붙일 때 산화 현상을 이용해서 용접한다.

(   )

7 다음 내용을 활용해서 이 글을 보완한다고 할 때, 가장 알맞은 활용 방안을 말한 친구는 누구인가요? (   )

> 활성 산소는 공기 중의 산소와는 달리 몸에서 만들어진 불안정한 산소를 말합니다. 활성 산소는 나쁜 바이러스를 없애기도 하지만, 몸 안의 세포를 공격하여 손상시키기도 합니다. 활성 산소가 많아지면 노화가 빨리 진행되고 각종 질병에 걸리기도 쉽습니다. 따라서 활성 산소로부터 건강을 지키려면 산화에 저항하는 항산화 물질이 많이 포함된 음식을 먹는 것이 좋습니다.

① 민혁: (가) 문단에서 산소의 또 다른 성질을 설명할 때 활용할 수 있겠어.

② 우진: (나) 문단에서 산화의 뜻을 보충하여 설명할 때 활용할 수 있겠어.

③ 소은: (다) 문단에서 산화의 예를 추가하여 설명할 때 활용할 수 있겠어.

④ 서준: (라) 문단에서 물질이 타기 위해 필요한 기체를 설명할 때 활용할 수 있겠어.

⑤ 유정: (마) 문단에서 해로운 산소에 대한 내용을 보충하여 설명할 때 활용할 수 있겠어.

 항산화제

항산화제란 우리 몸에서 생성되어 질병을 일으키거나 노화를 촉진시키는 활성 산소를 막아 세포가 산화하는 것을 억제하는 물질입니다. 활성 산소를 없애 주는 물질인 항산화제에는 바이타민 C, 바이타민 E, 카로틴, 폴리페놀 등이 있습니다.

1 다음 빈칸에 들어갈 말의 뜻을 보고, 알맞은 낱말을 **보기** 에서 찾아 쓰세요.

> **보기** 갈변 용접 불연성

(1) 쓰레기는 가연성과 _____으로 구분할 수 있다.
   └ 불에 타지 않는 성질.

(2) 그는 _____ 작업을 시작하기 전에 보안경을 썼다.
   └ 두 개의 금속·유리·플라스틱 따위를 녹이거나 반쯤 녹인 상태에서 서로 이어 붙이는 일.

(3) 감자는 깎은 채로 두면 _____하므로 물에 담가 두어야 한다.
   └ 과일이나 채소 따위를 칼로 깎았을 때, 그 부분이 갈색으로 변하는 일.

2 다음 문장에서 밑줄 친 낱말의 기본형을 쓰고, 이와 반대의 뜻을 가진 낱말을 **보기** 에서 찾아 쓰세요.

> **보기** 걸다 무용하다 유익하다

(1) 벽에 걸린 액자를 조심조심 <u>떼었다</u>.   [   ] ↔ [   ]

(2) 그 책은 어린아이에게 <u>유용한</u> 책이다.   [   ] ↔ [   ]

(3) 이 약품은 인체에 <u>유해한</u> 물질이 들었으니 주의하세요.   [   ] ↔ [   ]

3 다음 문장에서 밑줄 친 낱말이 어떤 뜻으로 사용되었는지 기호를 쓰세요.

> **차단하다**
>
> ㉠ 액체나 기체 따위의 흐름 또는 통로를 막거나 끊어서 통하지 못하게 하다.
> ㉡ 다른 것과의 관계나 접촉을 막거나 끊다.

(1) 이 제품은 유해 전자파를 <u>차단한다</u>.   (   )
(2) 감염의 위험성이 있어서 외부인의 면회를 <u>차단하였다</u>.   (   )
(3) 날씨가 너무 추워서 외풍을 <u>차단하기</u> 위해 방풍막을 쳤다.   (   )
(4) 그는 산속에 집을 짓고 외부와의 접촉을 <u>차단한</u> 채 살고 있다.   (   )

이산화 탄소의 두 얼굴

 **매체 독해** 다음 공익 광고를 보고, 물음에 답해 봅시다.

북극곰의 쉼표
무분별한 개발과 온실가스 배출로 인해 북극곰의 안식처인 빙하가 사라지고 있습니다.
그들의 쉼터를 지켜 주세요.

kobaco
공익광고협의회

쓸수록 줄어듭니다
지구 온난화의 원인 일회용 종이컵,
쓸수록 북극곰들의 집은 줄어듭니다.

kobaco
공익광고협의회

*출처: 한국방송광고진흥공사

1 두 공익 광고 속 북극곰이 처한 상황을 바르게 설명한 것을 골라 ○표 하세요.

북극곰의 수명이 점점 줄어들고 있다. ☐	북극곰의 안식처인 빙하가 사라지고 있다. ☐	무분별한 북극곰 포획으로 북극곰의 수가 줄고 있다. ☐

2 두 공익 광고를 해석한 내용으로 옳은 것은 ○표, 옳지 <u>않은</u> 것은 ×표 하세요.

(1) 빙하가 사라지고 있으니 북극곰이 하루빨리 새로운 안식처를 찾아야 한다. (   )

(2) 우리가 일회용 종이컵을 사용할수록 북극곰들의 집인 빙하가 점점 녹아 줄어들게 될 것이다. (   )

(3) 불필요한 개발을 자제하고 온실가스 배출을 줄여서 북극곰의 안식처인 빙하가 녹지 않도록 해야 한다. (   )

대기 중 이산화 탄소 양의 증가로 인해 지구의 평균 기온이 점점 올라가는 지구 온난화 현상이 나날이 심각해지고 있습니다. 전문가들은 지구 온난화로 나타나는 ❶이상 기후가 지구 생태계에 돌이킬 수 없는 악영향을 끼칠 것이라고 경고하고 있습니다. 그렇다면 이산화 탄소는 우리에게 해롭기만 한 기체일까요? ㉮

이산화 탄소는 우리가 숨 쉴 때마다 몸 밖으로 배출하는 기체입니다. 이산화 탄소는 공기의 약 0.03 %만을 차지하고 있지만, 지구상의 생명체가 살아가는 데 없어서는 안 될 중요한 기체입니다. 이산화 탄소는 지구의 모든 생물이 생명을 유지할 수 있도록 도와줍니다. 식물은 이산화 탄소를 이용하여 양분을 만들어 내고, 이렇게 만들어진 양분은 ❷먹이 그물을 통해 사람에게까지 전달됩니다. ㉯

또한 이산화 탄소는 ❸온실가스 중 하나입니다. 우리가 살고 있는 지구가 너무 뜨겁거나 너무 춥지 않은 까닭은 온실가스가 지구에서 방출되는 열이 지구 밖으로 빠져나가는 것을 막아 주어 지구의 평균 온도가 유지되기 때문입니다. 만약 이산화 탄소와 같은 온실가스가 없다면 지구의 평균 기온이 약 -18 ℃ 정도로 낮아져 많은 생명체가 살지 못하게 될 것입니다. ㉰

그런데 산업 혁명 이후 화석 연료의 사용이 늘어나 온실가스 층이 두꺼워지면서 지구의 평균 기온이 올라가고 있습니다. 온실가스 중에서도 이산화 탄소는 화석 연료를 태울 때 가장 많이 발생하기 때문에 지구 온난화의 ❹주범으로 지목되고 있습니다. ㉱

지구 온난화는 극지방의 빙하를 빠르게 녹이고 있고, 이로 인해 해수면이 점차 높아지면서 많은 문제를 일으키고 있습니다. 빙하 면적이 줄어들자 북극곰들은 먹이 사냥에 큰 어려움이 겪고 있고 머지않아 북극곰이 멸종할 것이라는 분석도 나오고 있습니다. 또, 해수면의 상승으로 일부 해안 지역이 물에 잠기면서 토지가 손실되기도 하며, 기후 변화 때문에 홍수나 가뭄과 같은 ❺자연재해가 빈번하게 일어나고 있습니다. 지구 온난화는 전 지구적 문제이므로 시급하게 해결해야 하며, 그러기 위해서는 이산화 탄소의 발생량을 줄이기 위한 노력이 필요합니다. ㉲

인류에게 막대한 피해를 주는 동시에 인류에게 없어서는 안 될, 두 얼굴의 이산화 탄소. 우리 모두 이산화 탄소에 대한 올바른 이해를 바탕으로 이산화 탄소의 해로운 영향은 줄이고 유용한 점을 잘 이용하는 지혜를 발휘해야 합니다.

----

❶ **이상 기후**: 기온이나 강수량 따위가 정상적인 상태를 벗어난 상태.
❷ **먹이 그물**: 생태계에서 여러 생물의 먹이 사슬이 서로 얽혀서 그물처럼 보이는 것.
❸ **온실가스**: 지구 대기 속에 존재하며, 땅에서 복사되는 에너지를 흡수하여 온실 효과를 일으키는 기체.
❹ **주범**: 어떤 일에 대하여 좋지 아니한 결과를 만드는 주된 원인.
❺ **자연재해**: 태풍, 가뭄, 홍수 등 피할 수 없는 자연 현상으로 인하여 일어나는 재해.

1 이 글의 제목으로 가장 알맞은 것은 무엇인가요?   (   )

① 지구 온난화의 원인
② 지구 온난화의 영향
③ 생명 유지에 필요한 이산화 탄소
④ 두 얼굴을 가진 기체, 이산화 탄소
⑤ 지구 온난화의 주범, 이산화 탄소

2 1문단의 서술 방식을 바르게 설명한 것은 무엇인가요?   (   )

① 중심 화제의 개념을 밝히며 글을 시작하고 있다.
② 앞으로 설명할 내용의 순서를 차례대로 밝히고 있다.
③ 유명한 인물의 일화를 제시하며 흥미를 유발하고 있다.
④ 중심 화제를 다루려는 까닭을 밝히며 설득력을 높이고 있다.
⑤ 일반적으로 널리 가지고 있는 생각에 대하여 의문을 제기하고 있다.

3 다음 설명에 해당하는 낱말을 글에서 찾아 쓰세요.

- 공기의 약 0.03 %를 차지하고 있다.
- 사람이 호흡할 때 내뱉는 기체이다.
- 화석 연료를 태울 때 가장 많이 배출된다.

(   )

4 이 글에서 확인할 수 있는 글쓴이의 생각으로 알맞은 것은 무엇인가요?   (   )

① 이산화 탄소는 지구 온난화의 주범이 아니다.
② 이상 기후는 인류에게 이익을 가져올 수도 있다.
③ 이산화 탄소는 우리 삶에서 없어져야 할 기체이다.
④ 이산화 탄소를 줄이기 위해 자동차 사용을 금지해야 한다.
⑤ 이산화 탄소와 같은 온실가스가 없다면 지구상의 많은 생명체가 살지 못하게 될 것이다.

5 ⑦~⑪ 중, 다음 내용이 추가로 들어가기에 알맞은 곳은 어디인지 쓰세요.

> 각 나라에서는 기업과 국민이 온실가스 배출량을 줄이도록 장려하고, 이산화 탄소 배출량을 줄이기 위해 노력하는 기업에 혜택을 제공하는 제도를 시행할 수 있습니다. 또, 신재생 에너지의 개발을 지원하고 공공 부분에서 에너지 절약을 생활화하며 국민들에게 에너지 절약에 대해 적극적으로 홍보하는 방법도 있습니다. 개인 차원에서는 생활 속에서 에너지를 절약하는 습관을 기르고, 자가용 대신 대중교통을 이용하며, 종이컵이나 비닐과 같은 일회용품의 사용을 줄이는 방법 등이 있습니다.

(   )

6 이 글의 내용을 보충하기 위해 관련 자료를 찾는 활동으로 알맞지 <u>않은</u> 것은 무엇인가요?

(   )

① 산업 혁명의 과정에 대해 찾아본다.
② 이산화 탄소 이외의 온실가스를 찾아본다.
③ 이산화 탄소를 유용하게 이용할 수 있는 방법을 찾아본다.
④ 지구 온난화로 인해 생길 수 있는 다른 피해들을 찾아본다.
⑤ 이산화 탄소의 해로운 영향을 줄일 수 있는 다양한 방법을 찾아본다.

7 이 글을 읽고 알맞지 <u>않은</u> 의견을 말한 친구의 이름을 쓰세요.

> • 준호: 이산화 탄소는 우리에게 꼭 해로운 기체만은 아니구나.
> • 세영: 맞아, 그렇지만 막대한 양의 이산화 탄소는 지구의 평균 기온을 올라가게 만들어.
> • 소율: 이산화 탄소가 지구 온난화의 주범으로 지목되고 있지만, 지구 온난화 현상은 곧 사라지게 될 거야.
> • 루나: 지구 온난화는 전 세계가 함께 책임지고 해결해 나가야 할 과제야.

(   )

소화기에 이용되는 이산화 탄소

이산화 탄소는 물질이 타는 것을 막는 성질이 있기 때문에 소화기를 만들 때 이용됩니다. 소화기의 종류에는 여러 가지가 있지만 그중 이산화 탄소 소화기는 이산화 탄소 기체를 압축 및 액화하여 충전한 것입니다. 화재를 진화할 때에는 액화된 이산화 탄소가 용기에서 방출되어 공기의 공급을 차단하는 동시에 고체 상태인 드라이아이스로 변해 불을 끄게 됩니다.

1 다음 밑줄 친 낱말의 알맞은 뜻을 보기 에서 찾아 기호를 쓰세요.

> 보기 ㉠ 기온이나 강수량 따위가 정상적인 상태를 벗어난 상태.
> ㉡ 어떤 일에 대하여 좋지 아니한 결과를 만드는 주된 원인.
> ㉢ 태풍, 가뭄, 홍수 등 피할 수 없는 자연 현상으로 인하여 일어나는 재해.

(1) 비닐은 환경 오염의 주범이다. (　　　　)
(2) 이상 기후로 농작물에 많은 피해가 발생했다. (　　　　)
(3) 우리에게 언제 닥쳐올지 모르는 자연재해를 대비해야 한다. (　　　　)

2 다음 빈칸에 들어갈 말의 뜻을 보고, 알맞은 낱말을 보기 에서 찾아 활용하여 쓰세요.

> 보기 　　멸종하다　　　발휘하다　　　시급하다

(1) 공룡이 ＿＿＿＿＿ 이유를 알고 싶어서 여러 책을 살펴보았다.
└ 생물의 한 종류가 아주 없어진. 또는 생물의 한 종류를 아주 없애 버린.

(2) 저출산 문제는 한국 사회가 ＿＿＿＿＿ 해결해야 할 과제이다.
└ 시각을 다툴 만큼 몹시 절박하고 급하게.

(3) 이번 대회에서 선수단은 평소에 닦은 기량을 십분 ＿＿＿＿＿ 좋은 성적을 거두었다.
└ 재능, 능력 따위를 떨치어 나타내어.

3 다음 문장에서 '경고'의 알맞은 뜻을 찾아 바르게 선으로 이어 보세요.

(1) 경고 누적으로 경기에 못 나왔다.

(2) 벽에 붙은 경고 문구가 눈에 잘 띄었다.

㉠ 조심하거나 삼가도록 미리 주의를 줌. 또는 그 주의.

(3) 축구 경기에서는 경고를 두 번 받으면 퇴장이다.

㉡ 운동 경기나 조직 생활에서 규칙이나 규범을 어겼을 때 주는 벌칙의 하나.

(4) 규호는 의사 선생님의 경고에도 불구하고 운동을 게을리했다.

질소는 어디에 쓰일까요?

매체 독해 다음 인터넷 기사를 보고, 물음에 답해 봅시다.

미래일보　　　　뉴스홈 | 세계 | 정치 | 사회 | 경제 | **과학** | 스포츠 | 연예

　⊙　흡입, 세 번의 호흡만으로 의식 잃는다

　우리가 마시는 공기의 약 78 %를 차지하는 질소는 색깔과 냄새가 없고, 독성이 없으며 반응성이 낮기 때문에 다양한 설비에서 충전제로 사용되고 있다. 하지만 밀폐된 공간에서 질소의 농도가 높아지면 상대적으로 산소의 농도가 떨어지므로, 아무런 보호 장비 없이 질소로 가득한 밀폐 공간에 들어갈 경우 단시간에 산소 결핍에 도달해 의식과 목숨을 잃게 된다. 이 때문에 산업 현장에서 질소 사고가 일어났다 하면 사망 사고로까지 이어지는 경우가 대부분이다. 이러한 질소 질식 사고를 막기 위해서는 질소가 유입되는 밀폐된 공간은 작업 전에 미리 질소의 유입을 차단하고, 충분한 환기를 통해 산소의 농도를 정상 수치로 만든 후에 진입해야 한다. 그리고 산소의 농도와 연동된 잠금 장치 및 급배기 장치를 설치해야 한다. 또한 작업 감독자를 배치하여 작업에 대한 관리와 감독이 철저히 이루어지도록 해야 한다.

＊**급배기**: 내연 기관에서 쓸모없게 된 가스를 빨리 밖으로 뽑아내는 것.

1 기사 제목의 ⊙에 들어갈 알맞은 기체를 쓰세요.

(　　　　　　　　　)

2 이 기사를 이해한 내용으로 적절하지 <u>않은</u> 것은 무엇인가요?　　　(　　　)

① 질소는 공기의 약 78 %를 차지한다.

② 질소는 반응성이 낮아 충전제로 사용되고 있다.

③ 질소가 유입되는 공간은 급배기 장치가 설치되어야 한다.

④ 질소는 독성이 강해서 마실 경우 의식과 목숨을 잃게 된다.

⑤ 산업 현장에서 질소 사고를 막기 위한 관리가 이루어져야 한다.

우리가 숨 쉬는 공기에 가장 많이 포함되어 있는 기체는 무엇일까요? 바로 질소입니다. 질소는 공기의 약 78 %를 차지하며, 냄새도 없고, 색깔도 없고, 맛도 없는 기체입니다. 질소의 '질'이라는 한자 '窒'은 '막혀 있다'라는 뜻으로 '호흡을 할 수 없다'라는 의미를 가지고 있습니다. 이 의미는 1789년 프랑스의 과학자 라부아지에가 했던 실험과 관련이 있습니다.

라부아지에는 ❶밀폐된 유리 용기 속에 들어 있는 공기를 태워 산소를 없앤 후 남은 기체에서 일어나는 현상을 관찰하였습니다. 산소가 없어진 기체 속에서 동물은 숨을 쉬지 못해 죽었고, 촛불은 꺼졌습니다. 그는 이와 같은 현상을 보고 공기 중 산소가 없어지고 남은 기체를 '생명이 있을 수 없는 기체'라고 정의 내렸습니다. 추후 이 기체는 '질소'로 불리게 되었습니다.

질소는 다른 기체들에 비해 반응성이 낮기 때문에 충전용 기체로 많이 사용됩니다. 우리가 먹는 과자 봉지 안에는 질소가 채워져 있습니다. 과자는 대체로 ❷유통 기한이 긴데, 유통 과정에서 산소와 반응하게 되면 과자의 맛과 ❸식감 등이 변할 가능성이 있습니다. 따라서 과자 봉지에 다른 물질과 잘 반응하지 않는 기체인 질소를 ㉠채우면 처음 상태의 맛이 유지되고, 부서지기 쉬운 과자의 경우에는 원래의 형태를 보호할 수 있습니다. 다른 물질과 잘 반응하지 않는 기체로는 아르곤이나 헬륨 등도 있지만, 이들 기체는 비싸기 때문에 보다 값이 싸고 구하기 쉬운 질소를 많이 사용합니다.

질소는 자동차의 안전장치인 에어백에도 사용됩니다. 에어백은 자동차가 충돌했을 때 순간적으로 부풀어 오르면서 탑승자를 보호합니다. 이때 에어백을 부풀게 하는 기체가 바로 질소입니다. 자동차가 충격을 받는 순간, 에어백에 있는 ❹점화 장치가 작동되어 질소 ❺화합물을 폭발시키면 많은 양의 질소 기체가 ❻방출되고, 그 결과 에어백이 팽창하게 됩니다.

질소는 기체가 아닌 액체로도 사용됩니다. 기체 상태인 질소의 온도를 약 –196 ℃까지 내리면 액체 상태의 액체 질소가 됩니다. 액체 질소는 매우 낮은 온도여서 화학 반응을 잘 일으키지 않으므로 각종 산업에서 냉동제로 많이 이용됩니다. 예를 들어 액체 질소는 식품을 냉각시키거나 생체 ❼표본을 저온으로 저장하는 데 쓰이고, 유전자를 급속으로 냉동하는 ❽저온학 연구에도 이용됩니다. 이처럼 질소는 생활 속 다양한 분야에서 널리 활용되고 있습니다.

---

❶ **밀폐**: 샐 틈이 없이 꼭 막거나 닫음.
❷ **유통 기한**: 주로 식품 따위의 상품이 시중에 유통될 수 있는 기한.
❸ **식감**: 음식을 먹을 때 입안에서 느끼는 감각.
❹ **점화**: 불을 붙이거나 켬.
❺ **화합물**: 두 가지 이상의 원소가 결합하여 이루어진 물질.
❻ **방출**: 비축하여 놓은 것을 내놓음.
❼ **표본**: 생물의 몸 전체나 그 일부에 적당한 처리를 가하여 보존할 수 있게 한 것.
❽ **저온학**: 저온 상태에 있는 물질의 성질을 연구하며 이를 응용하는 학문.

1 이 글의 중심 내용으로 알맞은 것은 무엇인가요? ( )

① 질소의 성질과 이용
② 에어백에 이용되는 질소
③ 질소를 처음 발견한 과학자
④ 질소가 우리 몸에서 하는 역할
⑤ 과자 봉지 속에 들어 있는 기체

2 1~2문단의 서술 방식을 바르게 설명한 것은 무엇인가요? ( )

① 중심 화제의 어원을 밝히며 글을 시작하고 있다.
② 중심 화제를 친숙한 대상에 빗대어 소개하고 있다.
③ 일반적으로 알려진 내용이 잘못되었음을 말하고 있다.
④ 중심 화제와 관련된 여러 과학자들의 주장을 나열하고 있다.
⑤ 중심 화제와 관련된 글쓴이의 경험을 제시하여 흥미를 유발하고 있다.

3 질소에 대한 설명으로 알맞은 것은 무엇인가요? ( )

① 푸르스름한 색을 띤다.
② 다른 물질과 잘 반응한다.
③ 냄새가 심하고 쓴맛이 난다.
④ 동물의 호흡에 꼭 필요한 기체이다.
⑤ 공기 중에 가장 높은 비율을 차지하는 기체이다.

4 질소의 활용 방법으로 옳은 것을 보기 에서 모두 골라 기호를 쓰세요.

> 보기
> ⓐ 액체 질소는 식품을 냉각시킨다.
> ⓑ 액체 질소는 에어백을 부풀게 한다.
> ⓒ 기체 질소는 과자 봉지를 충전하는 기체로 사용된다.
> ⓓ 기체 질소는 유전자를 급속 냉동하는 저온학 연구에 이용된다.

( )

5 질소를 과자 봉지의 충전용 기체로 사용하는 까닭으로 옳은 것은 무엇인가요? (　　　)

① 과자의 기름을 흡수하기 때문이다.

② 과자의 양이 많아 보이게 하기 때문이다.

③ 과자 안에 생길 수 있는 미생물을 없애 주기 때문이다.

④ 수분을 없애서 과자를 더욱 바삭하게 해 주기 때문이다.

⑤ 과자가 유통 과정 중에 산소와 만나는 것을 막아 주기 때문이다.

6 이 글을 읽고 다음 내용을 <u>잘못</u> 해석한 친구의 이름을 쓰세요.

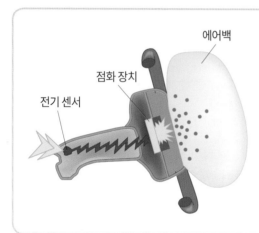

에어백이 장착된 운전대에는 접혀져 있는 에어백, 질소와 나트륨으로 이루어진 아지드화 나트륨라는 물질이 들어 있다. 자동차 사고가 발생했을 때 충격을 감지하는 전기 센서에서 전기 신호를 보내 점화 장치를 작동시키면 높은 열과 함께 생기는 불꽃으로 아지드화 나트륨을 폭발시킨다. 이때 많은 양의 질소 기체가 방출되어 순식간에 에어백이 팽창한다.

• 선하: 사고가 나기 전에는 에어백이 접혀져 있을 거야.

• 도하: 전기 센서는 사고가 발생할 때 충격을 감지하는 센서야.

• 리현: 사고가 나면 점화 장치가 작동하여 아지드화 나트륨이 폭발하는구나.

• 은우: 사고가 난 후에 에어백 안에는 아지드화 나트륨이라는 물질이 가득차게 될 거야.

(　　　　　　　　)

7 다음 밑줄 친 낱말 중 ㉠과 의미가 같은 것은 무엇인가요? (　　　)

① 제 욕심만 <u>채우려</u> 해서는 안 된다.　② 경찰이 범인의 손에 수갑을 <u>채웠다</u>.

③ 날씨가 추워 점퍼의 단추를 <u>채웠다</u>.　④ 그는 정년을 <u>채우지</u> 못하고 퇴직하였다.

⑤ 어부들은 배에 고기를 가득 <u>채워</u> 돌아왔다.

질소 산화물과 미세 먼지
질소와 산소의 화합물인 질소 산화물은 석유나 석탄의 연소로 인해 생기는 일산화 질소, 이산화 질소 등을 말합니다. 주로 자동차, 항공기, 선박, 산업용 보일러, 소각로 등에서 배출됩니다. 질소 산화물은 그 자체가 공기 오염 물질이며, 특히 이산화 질소는 햇빛과 반응해 오존과 초미세 먼지를 만들어 스모그를 일으킵니다.

1 다음 밑줄 친 낱말의 뜻으로 알맞은 것을 바르게 선으로 이어 보세요.

(1) 우유의 유통 기한이 열흘이나 지났다. · · ㉠ 샐 틈이 없이 꼭 막거나 닫음.

(2) 날치알을 올린 초밥은 톡톡 터지는 식감이 일품이다. · · ㉡ 음식을 먹을 때 입안에서 느끼는 감각.

(3) 구운 김을 밀폐 용기에 보관하면 오랫동안 맛있게 먹을 수 있다. · · ㉢ 주로 식품 따위의 상품이 시중에 유통될 수 있는 기한.

2 다음 문장의 밑줄 친 낱말과 짝을 이룬 낱말이 비슷한 뜻을 가지면 '비', 반대의 뜻을 가지면 '반'이라고 쓰세요.

(1) 고무풍선이 팽창하다. 팽창하다 — 수축하다 ( )

(2) 어른이 되어 입맛이 변했다. 변하다 — 달라지다 ( )

(3) 강물이 얕아서 건너기 쉽다. 쉽다 — 어렵다 ( )

(4) 언니가 사용하던 책상을 물려받았다. 사용하다 — 쓰다 ( )

3 다음 문장에서 밑줄 친 낱말이 어떤 뜻으로 사용되었는지 번호를 쓰세요.

방출

① 비축하여 놓은 것을 내놓음.

② 물리쳐 내쫓음.

(1) 여름 맞이 특가 상품 방출을 진행하였다. ( )
(2) 설을 앞두고 신권 화폐의 방출이 이루어졌다. ( )
(3) 그 선수는 성적 부진으로 방출 위기에 놓여 있다. ( )
(4) 그녀의 선수 생활은 방출과 재입단의 반복이었다. ( )

4장 하늘로 올라간 풍선은 어떻게 될까요?

 **매체 독해** 다음 광고문을 보고, 물음에 답해 봅시다.

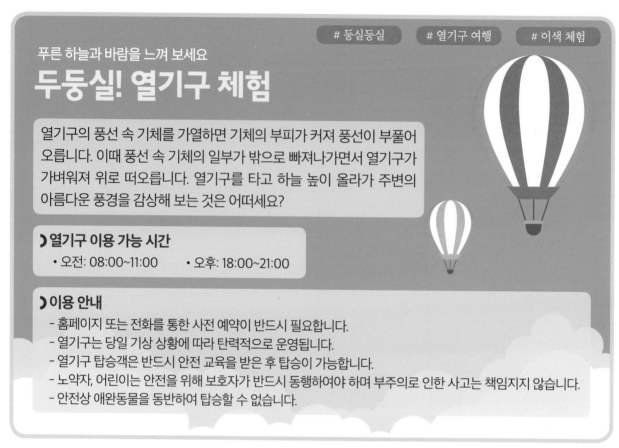

두둥실! 열기구 체험

푸른 하늘과 바람을 느껴 보세요

\# 둥실둥실   \# 열기구 여행   \# 이색 체험

열기구의 풍선 속 기체를 가열하면 기체의 부피가 커져 풍선이 부풀어 오릅니다. 이때 풍선 속 기체의 일부가 밖으로 빠져나가면서 열기구가 가벼워져 위로 떠오릅니다. 열기구를 타고 하늘 높이 올라가 주변의 아름다운 풍경을 감상해 보는 것은 어떠세요?

❯열기구 이용 가능 시간
- 오전: 08:00~11:00   • 오후: 18:00~21:00

❯이용 안내
- 홈페이지 또는 전화를 통한 사전 예약이 반드시 필요합니다.
- 열기구는 당일 기상 상황에 따라 탄력적으로 운영됩니다.
- 열기구 탑승객은 반드시 안전 교육을 받은 후 탑승이 가능합니다.
- 노약자, 어린이는 안전을 위해 보호자가 반드시 동행하여야 하며 부주의로 인한 사고는 책임지지 않습니다.
- 안전상 애완동물을 동반하여 탑승할 수 없습니다.

1 이 광고문의 내용으로 옳은 것은 ○표, 옳지 않은 것은 ×표 하세요.

(1) 열기구는 오전 8~11시 사이에만 이용할 수 있다. ( )

(2) 목줄을 한 애완견의 경우 열기구 동반 탑승이 가능하다. ( )

(3) 열기구를 체험하기 위해서는 미리 예약을 꼭 해야 한다. ( )

(4) 열기구 체험 당일 기상 악화로 열기구 체험이 취소될 가능성도 있다. ( )

2 열기구의 원리를 바르게 이해한 친구는 누구인가요? ( )

① 민준: 열기구는 열기구 속 기체의 온도와 상관없이 위로 올라가는 거야.

② 한결: 열기구 속 기체가 따뜻해지면 기체의 부피가 커져서 위로 올라가는 거야.

③ 세연: 열기구 속 기체가 차가워지면 기체의 부피가 커져서 아래로 내려가는 거야.

④ 하나: 열기구 속 기체가 차가워지면 기체의 부피가 작아져서 위로 올라가는 거야.

⑤ 리현: 열기구 속 기체가 따뜻해지면 기체의 부피가 작아져서 아래로 내려가는 거야.

어릴 적 놀이동산에서 헬륨 기체가 든 풍선을 가지고 놀다가 놓쳐 버린 경험이 있나요? 그 풍선은 어떻게 되었을까요? 결론부터 말하자면 하늘 위로 올라간 풍선은 결국 터져 버립니다. 이는 풍선 속 기체의 부피가 공기의 ❶압력에 영향을 받기 때문에 나타나는 현상입니다. 기체의 부피는 압력에 따라 어떻게 달라질까요?

풍선 속에는 많은 기체 입자들이 끊임없이 빠른 속도로 움직이고 있습니다. 입자와 입자 사이에는 빈 공간이 있는데, 압력을 가하면 기체 입자들 사이의 거리가 가까워져 부피가 줄어듭니다. 반대로 압력이 작아지면 입자 사이의 거리가 멀어져 부피가 늘어납니다. 하늘 높이 올라갈수록 ❷대기압이 작아지므로 풍선에 가해지는 압력이 작아져 풍선 속 기체의 부피가 늘어나다가 더 이상 커질 수 없는 시점에서 풍선이 결국 터지게 되는 것입니다.

이처럼 기체에 작용하는 외부 압력이 커질수록 기체의 부피는 줄어들고, 기체에 작용하는 외부 압력이 작아질수록 기체의 부피는 늘어납니다. 영국의 과학자 보일은 '같은 온도에서 ❸일정량의 기체의 부피는 ㉠ 에 ❹반비례한다'는 것을 밝혀냈는데, 이를 '보일 법칙'이라고 합니다. 우리 주위에서 보일 법칙을 이용한 예는 어떤 것이 있을까요? 신발 밑창에 공기 주머니가 든 운동화는 걷거나 뛸 때 발에 미치는 충격을 줄여 줍니다. 운동화를 신고 뛰어올랐다가 착지하면 압력에 의해 공기 주머니가 눌려 부피가 줄어들면서 충격을 흡수하는 것입니다.

한편, 뜨거운 음식이 들어 있는 그릇이 식탁 위에서 저절로 움직이는 것을 본 적이 한 번쯤 있을 것입니다. 기체는 압력뿐만 아니라 온도에도 영향을 받기 때문에 이와 같은 현상이 나타난 것입니다. 기체 입자는 온도가 높아질수록 움직임이 빨라지고, 그 결과 입자들이 차지하는 공간이 늘어나 부피가 커집니다. 그릇에 뜨거운 음식을 넣으면 그릇의 바닥과 식탁 사이의 빈 공간에 있는 기체 입자들의 움직임이 활발해져 기체의 부피가 늘어나므로 그릇을 들어 올리면서 식탁이 미세하게 기울어진 쪽으로 움직이는 것입니다.

프랑스의 과학자 샤를은 '압력이 일정할 때 ㉡ 이/가 높아지면 기체의 부피는 일정하게 증가한다'는 사실을 밝혀냈습니다. 이를 '샤를 법칙'이라고 합니다. 하늘 위로 나는 열기구는 바로 이 샤를 법칙을 이용한 예입니다. 열기구의 풍선 속 기체를 가열하면 기체의 부피가 커지면서 풍선이 크게 부풀어 오릅니다. 이때 풍선 속 기체의 일부가 밖으로 밀려 나가면서 열기구가 가벼워져 공중으로 뜨게 되는 것입니다. 또, 여름철에는 겨울철보다 자동차 타이어에 공기를 적게 넣어 주는데, 기온이 높은 여름에는 타이어 속 공기의 부피가 늘어나 타이어가 팽팽해져 터지기 쉽기 때문입니다.

---

❶ **압력**: 일정한 넓이에 작용하는 힘의 크기.

❷ **대기압**: 지구를 둘러싸고 있는 공기의 압력.

❸ **일정량**: 정해져 있는 분량.

❹ **반비례**: 한쪽의 양이 커질 때 다른 쪽의 양이 그와 같은 비율로 작아지는 관계.

1 이 글에서 설명하고 있는 두 가지 법칙이 무엇인지 쓰세요.

(   )

2 이 글의 설명 방법으로 알맞은 것은 무엇인가요?   (   )

① 어떤 주제에 대한 주장과 근거를 제시하였다.

② 시간의 흐름에 따른 대상의 변화를 설명하였다.

③ 특정한 역사적 사건에 대해 자세히 설명하였다.

④ 하나의 주제에 대하여 그것의 여러 가지 특징을 나열하였다.

⑤ 두 가지의 서로 다른 대상을 구체적인 예를 들어 설명하였다.

3 이 글의 내용을 바탕으로 ㉠과 ㉡에 들어갈 알맞은 말을 각각 쓰세요.

㉠	㉡

4 이 글의 내용과 일치하지 <u>않는</u> 것은 무엇인가요?   (   )

① 기체를 이루는 입자들은 끊임없이 움직인다.

② 기체의 부피는 압력과 온도에 영향을 받는다.

③ 기체를 이루는 입자와 입자 사이에는 빈 공간이 존재한다.

④ 기체에 압력을 가하면 기체 입자 사이의 거리가 멀어진다.

⑤ 기체의 온도가 높아질수록 기체 입자의 움직임이 더욱 활발해진다.

5 다음 질문에 대한 대답의 빈칸에 들어갈 알맞은 말을 골라 ○표 하세요.

 질문 헬륨 기체가 든 풍선이 하늘 위로 올라가면 결국 터지는 까닭은 무엇인가요?

대답 하늘 위로 올라갈수록 대기압이 (커 / 작아)진다. → 풍선 속 기체에 가해지는 압력이 (커 / 작아)진다. → 기체 입자 사이의 거리가 (가까워 / 멀어)진다. → 기체의 부피가 (줄어든 / 늘어난)다. → 풍선의 크기가 (커 / 작아)지다가 결국 터진다.

6 다음 현상이 보일 법칙과 관련 있으면 '보', 샤를 법칙과 관련 있으면 '샤'라고 쓰세요.

(1) 뜨거운 음식이 든 그릇이 식탁 위에서 저절로 움직인다.   (   )
(2) 공기 주머니가 있는 운동화는 발에 미치는 충격을 줄여 준다.   (   )
(3) 열기구 풍선 속 기체를 가열하면 열기구가 공중으로 떠오른다.   (   )
(4) 페트병을 들고 높은 산 위로 올라가면 페트병이 부풀어 오른다.   (   )
(5) 여름철에는 겨울철보다 자전거 바퀴에 공기를 약간 적게 넣는다.   (   )

7 이 글을 읽고 다음 현상이 일어난 까닭을 바르게 추론한 것은 무엇인가요?   (   )

> 찌그러진 탁구공을 뜨거운 물에 담그면 탁구공이 펴진다.

① 온도가 높아지면 기체 입자들의 움직임이 느려져 기체의 부피가 줄어들기 때문이다.
② 온도가 높아지면 기체 입자들의 움직임이 빨라져 기체의 부피가 늘어나기 때문이다.
③ 온도가 낮아지면 기체 입자들의 움직임이 빨라져 기체의 부피가 줄어들기 때문이다.
④ 압력이 낮아지면 기체 입자들의 움직임이 느려져 기체의 부피가 줄어들기 때문이다.
⑤ 압력이 높아지면 기체 입자들의 움직임이 빨라져 기체의 부피가 늘어나기 때문이다.

 높은 곳에 올라가면 귀가 먹먹한 까닭
비행기가 이륙할 때나 고속 엘리베이터가 올라갈 때 귀가 먹먹해지는 경우가 있습니다. 높은 곳으로 올라가면 대기압은 작아지지만 고막 안쪽의 공기의 압력은 변하지 않습니다. 따라서 고막 안쪽 공기의 부피가 늘어나 바깥으로 부풀게 되고, 고막이 원래의 기능을 하지 못해서 먹먹함을 느끼게 되는 것입니다.

1 다음 밑줄 친 낱말의 알맞은 뜻을 보기 에서 찾아 기호를 쓰세요.

> 보기 　　⊙ 정해져 있는 분량.
> 　　　　ⓒ 일정한 넓이에 작용하는 힘의 크기.
> 　　　　ⓒ 한쪽의 양이 커질 때 다른 쪽의 양이 그와 같은 비율로 작아지는 관계.

(1) 도선에 흐르는 전류의 세기는 전기 저항에 반비례한다.　　　(　　　　)
(2) 김 교수는 자기 수입의 일정량을 매달 사회사업 단체에 기부한다.　(　　　　)
(3) 산에 올라가면 외부 압력이 낮아져 물이 100 ℃ 이하에서 끓는다.　(　　　　)

2 다음 빈칸에 들어갈 말의 뜻을 보고, 알맞은 낱말을 보기 에서 찾아 활용하여 쓰세요.

> 보기 　　　　미세하다　　　　착지하다　　　　흡수하다

(1) 검은색은 빛을 _____ 색이다.
　　　　　　　└ 안으로 빨아들이는.

(2) 그 선수는 안정적으로 _____ 높은 점수를 받았다.
　　　　　　　　　　└ 공중에서 땅으로 내려.

(3) 건물에서 흔들림과 _____ 진동이 느껴져서 겁이 났다.
　　　　　　　　└ 분간하기 어려울 정도로 아주 작은.

3 다음 문장의 빈칸에 들어갈 알맞은 낱말을 찾아 바르게 선으로 이어 보세요.

(1) | 아기는 _____ 감정 표현이 많아졌다. 　•　　　　　　•⊙ | 거의 |

(2) | 몸살에 걸려서 _____ 사흘을 앓았다. 　•　　　　　　•ⓒ | 널리 |

(3) | 지문을 인식시키자 문이 _____ 열렸다. 　•　　　　　　•ⓒ | 나날이 |

(4) | 이 뮤지컬은 전 세계적으로 _____ 공연되고 있다. 　•　　　　•ⓔ | 저절로 |

끝말잇기 놀이를 하며, 주제2에서 공부한 용어의 뜻을 다시 한번 떠올려 봐요.

출발 ➡

아래로!

성공!

점프!

❶ ❷ ❸ ❹ ❺ ❻ ❼ ❽ ❾ ❿ ⓫ ⓬ ⓭

힌트

❶ 어떤 일이나 현상이 일어나지 못하게 막음.

❷ 지구의 기온이 높아지는 현상.

❸ 두 가지 이상의 원소가 결합하여 이루어진 물질.

❹ 불에 타지 않는 성질. **반대** 가연성

❺ 사물이나 현상이 가지고 있는 고유의 특성.

❻ 공기의 약 78 %를 차지하며, 냄새·색깔·맛이 없는 기체.

❼ 불을 끄는 기구.

❽ 물질의 상태 중 하나로, 일정한 모양과 부피를 갖지 않고 용기를 채우려는 성질이 있음.

❾ 쓸모가 있음. **반대** 무용

❿ 두 개의 금속·유리·플라스틱 따위를 녹이거나 반쯤 녹인 상태에서 서로 이어 붙이는 일.

⓫ 서로 맞닿음.

⓬ 지구를 둘러싸고 있는 공기의 압력.

⓭ 일정한 넓이에 작용하는 힘의 크기.

점프!

쉬어가기!

위로! ⬆

옆으로!

주제

3

지구의 운동과 달의 운동

이번 주에 공부할 내용에 대한
주간 학습 계획을 세워 보세요.

	공부할 내용	교과 연계	공부한 날	스스로 평가
1장	지구의 자전		월 　 일	😨 😋 😚
2장	지구의 공전		월 　 일	😨 😋 😚
3장	달은 왜 같은 면만 보일까요?	[과학 6-1] 지구와 달의 운동	월 　 일	😨 😋 😚
4장	밀물과 썰물은 왜 생길까요?		월 　 일	😨 😋 😚
5장	태양이 달 뒤에 숨어요		월 　 일	😨 😋 😚
6장	보름달이 점점 사라져요		월 　 일	😨 😋 😚

1장 지구의 자전

 **매체 독해** 다음 어린이 백과사전을 보고, 물음에 답해 봅시다.

어린이 백과사전

지전설은 지구가 스스로 하루에 한 바퀴를 돌아 낮과 밤이 생긴다는 학설로, 우리나라에서는 조선 시대의 학자인 김석문이 처음으로 지전설을 주장했습니다. 그는 우주 중심에 지구가 있고 바깥 하늘에 달, 태양, 수성, 금성, 화성, 목성, 토성, 별이 차례대로 있으며 가장 바깥은 태극 세계라고 생각했습니다.

이어서 실학자인 이익과 홍대용도 지전설을 주장했습니다. 특히 홍대용은 지구가 둥글고 스스로 돈다는 이론을 체계적으로 정리했습니다. 홍대용의 지전설은 박지원에 의해 청나라 학자들에게 소개되면서 동양을 넘어 서양까지 퍼지게 되었습니다.

1 이 어린이 백과사전의 중심 낱말을 찾아 쓰세요.

( )

2 지전설에 관한 설명으로 옳은 것은 ○표, 옳지 않은 것은 ×표 하세요.

(1) 김석문은 우리나라에서 처음으로 지전설을 주장하였다. ( )

(2) 박지원은 청나라 학자들에게 이익의 지전설을 소개하였다. ( )

(3) 홍대용은 지구가 둥글고 스스로 돈다는 이론을 체계적으로 정리하였다. ( )

하루의 길이는 왜 24시간일까요? 그 이유는 지구가 한 바퀴 도는 데 24시간이 걸리기 때문입니다. 지구의 북극과 남극을 연결하는 ❶가상의 직선을 '자전축'이라 하며, 지구는 자전축을 중심으로 하루에 한 바퀴씩 서쪽에서 동쪽으로 돌고 있습니다. 이러한 지구의 운동을 '지구의 자전'이라고 합니다. 지구는 하루에 360° 돌기 때문에 한 시간에 15°(360°÷24시간=15°/시간)씩 돕니다. 하지만 우리는 지구가 돌고 있다는 것을 잘 느끼지 못합니다.

지구가 자전하기 때문에 나타나는 현상은 낮과 밤이 생기는 것입니다. 지구는 자전하면서 태양 빛을 받는 쪽과 받지 못하는 쪽이 생깁니다. 태양 빛을 받는 쪽이 낮이 되고, 태양 빛을 받지 못하는 쪽이 밤이 됩니다. 이 때문에 낮과 밤이 하루에 한 번씩 번갈아 나타납니다.

우리는 흔히 태양이 동쪽에서 떠서 서쪽으로 진다고 말합니다. 그러나 사실 태양이 움직이는 것이 아니라 지구가 서쪽에서 동쪽으로 돌기 때문에 지구에서는 태양이 동쪽에서 서쪽으로 움직이는 것처럼 보일 뿐입니다. 밤하늘에 있는 달이나 별도 동쪽에서 서쪽으로 움직이는 것처럼 보이는데, 이것도 지구의 자전으로 인해 나타나는 현상입니다. 사실 달과 별은 낮에도 떠 있는데, 낮에는 태양 빛이 매우 밝아서 보이지 않다가 태양이 ❷지평선 아래로 잠겨 어두워지면 보이는 것입니다.

한편, 지구뿐만 아니라 태양계의 다른 행성들도 모두 자전을 하고 있습니다. 천체가 스스로 한 바퀴 도는 데 걸리는 시간을 '자전 ❸주기'라고 하는데, 자전 주기는 모두 다릅니다. 수성의 자전 주기는 약 1,408시간으로 지구의 약 58일과 같고, 화성의 자전 주기는 24시간 37분 정도로 지구와 가장 비슷합니다. 목성의 자전 주기는 약 9시간 50분으로 태양계 행성 중 자전 주기가 가장 짧습니다. 금성의 자전 주기는 약 5,832시간으로 금성에서의 하루가 지구의 243일과 같으며, 태양계 행성 중 자전 주기가 가장 깁니다. 지구의 자전 방향과 반대로 ❹회전하는 행성이 있는데, 바로 금성과 천왕성입니다. 금성 또는 천왕성에서 태양을 보면, 태양이 [㉠   ] 보일 것입니다.

만약 지구의 자전 주기가 일 년으로 길어진다면 어떤 일이 생길까요? 낮이 6개월 동안 지속되어 태양 빛 때문에 대부분은 사막화가 일어날 것이고, 밤도 6개월 동안 지속되어 기온이 내려가 매우 추워지므로 ❺극단적인 온도 차이가 나타날 것입니다. 기후도 변하여 동식물이 살기 어려워지고, 사람도 식량을 구하기 힘들어질 것입니다.

----

❶ **가상**: 사실이 아니거나 사실 여부가 분명하지 않은 것을 사실이라고 가정하여 생각하는 것.
❷ **지평선**: 편평한 땅의 끝과 하늘이 맞닿아 경계를 이루는 선.
❸ **주기**: 물체가 한 번 돌아서 본래의 위치로 오기까지의 기간.
❹ **회전**: 한 점이나 축 또는 어떤 물체를 중심으로 하여 그 둘레를 빙빙 도는 것.
❺ **극단적**: 한쪽으로 크게 치우치는 것.

1 이 글의 중심 내용은 무엇인가요? ( )

① 금성의 자전 ② 지구의 자전 ③ 자전축의 의의
④ 낮과 밤의 차이 ⑤ 태양계 행성의 자전

2 지구의 자전 때문에 나타나는 현상이 <u>아닌</u> 것은 무엇인가요? ( )

① 낮과 밤이 하루에 한 번씩 번갈아 나타난다.
② 낮에는 보이지 않던 별들이 밤이 되면 잘 보인다.
③ 달이 동쪽에서 서쪽으로 움직이는 것처럼 보인다.
④ 지구에서 태양 빛을 받는 쪽과 받지 못하는 쪽이 생긴다.
⑤ 지구와 태양의 평균 자전 속도에 따라 하루의 길이가 결정된다.

3 이 글의 내용과 일치하지 <u>않는</u> 것은 무엇인가요? ( )

① 지구는 한 시간에 15°씩 돈다.
② 수성의 자전 주기는 지구보다 짧다.
③ 화성의 자전 주기는 지구와 비슷하다.
④ 금성은 태양계 행성 중 자전 주기가 가장 길다.
⑤ 목성은 태양계 행성 중 자전 속도가 가장 빠르다.

4 ㉠에 들어갈 내용으로 알맞은 것은 무엇인가요? ( )

① 움직이지 않는 것처럼
② 동쪽에서 서쪽으로 움직이는 것처럼
③ 서쪽에서 동쪽으로 움직이는 것처럼
④ 남쪽에서 북쪽으로 움직이는 것처럼
⑤ 북쪽에서 남쪽으로 움직이는 것처럼

5 지구에서 태양이 동쪽에서 서쪽으로 움직이는 것처럼 보이는 이유는 무엇인가요? (   )

① 태양이 실제로 서쪽에서 동쪽으로 움직이기 때문이다.
② 태양이 실제로 동쪽에서 서쪽으로 움직이기 때문이다.
③ 태양이 낮에는 보이지 않다가 밤에 보이는 것이기 때문이다.
④ 태양이 밤에는 보이지 않다가 낮에 보이는 것이기 때문이다.
⑤ 태양은 실제로는 움직이지 않고 지구가 서쪽에서 동쪽으로 움직이기 때문이다.

6 이 글을 읽은 친구들이 다음 그림을 보면서 대화할 때 잘못 설명한 친구의 이름을 쓰세요.

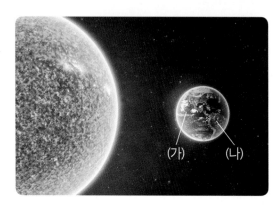

- 수정: 지구가 자전을 하면서 태양 빛을 받는 쪽이 바뀌어.
- 종운: (가) 지역은 낮이고, (나) 지역은 밤이야.
- 보연: (가) 지역이 밤이 되기 위해서는 24시간이 필요해.

(   )

7 지구의 자전 주기가 일 년으로 길어진다면 나타날 현상으로 옳은 것은 ○표, 옳지 않은 것은 ×표 하세요.

(1) 낮과 밤이 각각 6개월 동안 지속될 것이다.   (   )
(2) 낮과 밤의 온도 차이가 현재보다 줄어들 것이다.   (   )
(3) 인간을 포함하여 동식물이 지금보다 살기 더 좋아질 것이다.   (   )

태양의 자전

지구가 자전을 하는 것처럼 태양도 자전을 하고 있습니다. 하지만 지구와 다르게 태양은 기체로 이루어져 있어서 위도에 따라 자전 속도가 다릅니다. 태양에는 크기와 모양이 불규칙한 어두운 색의 점인 흑점이 있는데, 이 흑점의 위치 변화로 태양의 자전 주기를 알 수 있습니다.

1 다음 빈칸에 들어갈 말의 뜻을 보고, 알맞은 낱말을 보기 에서 찾아 쓰세요.

> 보기   가상   극단적   지평선

(1) 우리는 _____ 너머로 지는 해를 바라보았다.
└ 편평한 땅의 끝과 하늘이 맞닿아 경계를 이루는 선.

(2) 한 가지만 고집하는 _____ 사고방식은 지양해야 한다.
└ 한쪽으로 크게 치우치는 것.

(3) _____ 세계에서의 만남이 낯설지 않은 시대가 되었다.
└ 사실이 아니거나 사실 여부가 분명하지 않은 것을 사실이라고 가정하여 생각하는 것.

2 다음 한자어가 결합하여 만들어지는 낱말을 쓰고, 알맞은 뜻을 바르게 선으로 이어 보세요.

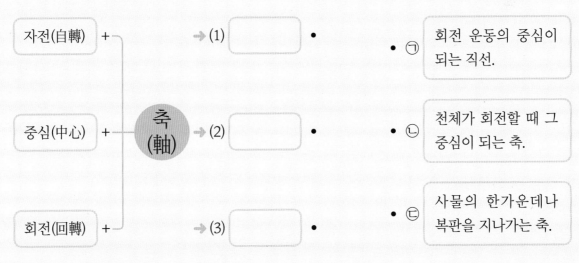

자전(自轉) + → (1) [   ] •

중심(中心) + 축(軸) → (2) [   ] •

회전(回轉) + → (3) [   ] •

• ㉠ 회전 운동의 중심이 되는 직선.

• ㉡ 천체가 회전할 때 그 중심이 되는 축.

• ㉢ 사물의 한가운데나 복판을 지나가는 축.

3 다음 문장에서 밑줄 친 낱말이 어떤 뜻으로 사용되었는지 기호를 쓰세요.

> 걸리다
> ㉠ 앞으로의 일에 대한 희망 따위가 달리다.
> ㉡ 어떤 일을 하다가 도중에 들키다.
> ㉢ 시간이 들다.

(1) 그의 손에 우리나라의 운명이 걸려 있었다.   (   )
(2) 수업 시간에 졸다가 선생님께 딱 걸리고 말았다.   (   )
(3) 차가 밀려서 집에 오기까지 한 시간 넘게 걸렸다.   (   )

정답 확인

하루한장 앱에서
학습 인증하고
하루템을 모으세요!

 **매체 독해** 다음 인터넷 자료 화면을 보고, 물음에 답해 봅시다.

별자리의 전설

| 봄철 별자리 | 여름철 별자리 | 가을철 별자리 | 겨울철 별자리 |

헤르쿨레스자리

헤르쿨레스는 그리스 신화에 나오는 최대 영웅인 '헤라클레스'로부터 유래된 이름입니다. 그리스 신화 속 신들의 왕 제우스와 알크메네 사이에서 태어난 헤라클레스는 제우스의 아내인 헤라의 꾐으로 노예가 되었습니다. 헤라클레스는 자유를 얻기 위해 열두 가지의 위험한 모험을 했습니다. 이 모험을 통해 헤라클레스는 왕의 지배에서 벗어날 수 있었습니다. 이 별자리에서는 한쪽 무릎을 꿇은 채 한쪽 손에는 뱀을, 다른 한쪽 손에는 곤봉을 든 헤라클레스의 모습을 볼 수 있습니다.

거문고자리

그리스 신화에 나오는 음악의 천재인 오르페우스는 죽은 아내를 살리기 위해 지하 세계의 왕 하데스를 찾아가 거문고를 연주하며 간절히 청했습니다. 이에 감동한 하데스는 아내를 살려 주면서 땅 위로 올라갈 때까지 절대 뒤돌아보지 말라는 경고를 했습니다. 하시만 이를 어긴 오르페우스는 다시 아내를 잃고 슬픔에 잠겨 죽고 말았습니다. 주인을 잃은 거문고에서는 슬프고 아름다운 음악이 계속 흘러나왔고, 제우스는 거문고를 하늘에 올려 사람들이 영원히 그의 음악을 기억하게 했습니다.

---

1 헤르쿨레스자리와 거문고자리를 가장 잘 볼 수 있는 계절을 골라 ○표 하세요.

봄 ☐   여름 ☐   가을 ☐   겨울 ☐

2 다음 별자리의 이름과 해당하는 이야기를 바르게 선으로 이어 보세요.

(1) 거문고자리 •

• ㉠ 한쪽 손에는 뱀을, 다른 한쪽 손에는 곤봉을 든 인물의 모습을 하고 있다.

(2) 헤르쿨레스자리 •

• ㉡ 주인을 잃은 거문고에서 슬프고 아름다운 음악이 흘러나왔다.

(가) 지구는 자전을 하는 동시에 태양을 중심으로 일정한 궤도를 따라 회전합니다. 이처럼 지구가 태양 중심으로 일 년에 한 바퀴씩 서쪽에서 동쪽으로 도는 것을 '지구의 공전'이라고 합니다. 지구는 태양의 주위를 일 년에 360° 돌기 때문에 하루에 약 1°(360°÷365일≒1°/일)씩 움직입니다. 그렇다면 지구의 공전으로 나타나는 현상에는 어떤 것이 있을까요?

(나) 지구가 공전을 하기 때문에 지구의 위치에 따라 태양이 보이는 위치가 달라져서 밤하늘에서 볼 수 있는 별자리가 달라집니다. 예를 들어 지구가 ㉠ 위치에 있을 때에는 처녀자리 쪽에 있는 태양의 빛에 가려 처녀자리를 볼 수 없지만, 밤이 되면 태양 반대쪽에 있는 물고기자리는 잘 볼 수 있습니다. 지구가 계속 공전하여 약 3개월 뒤에 ㉡ 위치에 있을 때에는 태양 쪽에 있는 궁수자리를 볼 수 없지만, 밤이 되면 태양 반대쪽에 있는 쌍둥이자리는 잘 볼 수 있습니다.

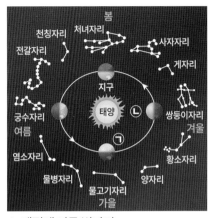
▲ 계절에 따른 별자리

(다) 실제로는 이렇게 지구가 태양 주위를 일 년에 한 바퀴씩 공전하고 있지만, 지구에서는 태양이 별자리를 기준으로 하루에 약 1°씩 서쪽에서 동쪽으로 이동하여 일 년 후에 다시 원래의 위치로 돌아오는 것처럼 보입니다. 그리고 별은 지구의 공전 방향과는 반대로 하루에 약 1°씩 동쪽에서 서쪽으로 이동하여 일 년 후에 다시 원래의 위치로 돌아오는 것처럼 보입니다.

(라) 지구가 공전하고 있기 때문에 지구에서 가까이 있는 별은 멀리 있는 별과 달리 그 위치가 달라 보이기도 합니다. 지구에서 가까운 별 하나를 6개월 간격으로 관측하면 두 관측 지점과 별이 이루는 ❶각이 생기는데, 이를 '별의 ❷시차'라고 합니다. 별의 시차는 지구가 공전하고 있다는 가장 직접적인 ❸증거가 됩니다.

(마) 계절의 변화 역시 지구의 공전 때문에 나타나는 현상입니다. 지구는 자전축이 기울어진 채로 공전하기 때문에 ❹태양 고도에 따라 지표면에 도달하는 태양 빛의 양이 달라집니다. 이 때문에 기온이 달라져서 계절의 변화가 나타나는 것입니다. 우리나라가 있는 북반구가 태양 쪽을 향하면 태양 고도가 높아져서 여름이 되고, 6개월 뒤에 북반구가 태양 반대쪽을 향하면 태양 고도가 낮아져서 겨울이 됩니다. 만약 지구의 자전축이 기울어져 있지 않거나 지구가 공전을 하지 않는다면, 계절의 변화는 나타나지 않을 것입니다.

---

❶ **각**: 한 점에서 갈리어 나간 두 직선의 벌어진 정도.
❷ **시차**: 관측자가 한 위치에서 본 천체의 방향과 다른 위치에서 본 천체의 방향과의 차이.
❸ **증거**: 어떤 사실을 증명할 수 있는 근거.
❹ **태양 고도**: 태양이 지표면과 이루는 각.

1 이 글의 주제로 가장 적절한 것은 무엇인가요? ( )

① 태양과 별의 공전
② 우리나라의 계절과 특징
③ 계절에 따라 가장 잘 볼 수 있는 별자리
④ 지구의 자전과 그로 인해 나타나는 현상
⑤ 지구의 공전과 그로 인해 나타나는 현상

2 이 글을 읽고 대답할 수 있는 질문이 <u>아닌</u> 것은 무엇인가요? ( )

① 별의 시차란 무엇인가요?
② 지구의 공전이란 무엇인가요?
③ 지구의 공전 주기는 얼마인가요?
④ 태양계 다른 행성의 공전 주기는 얼마인가요?
⑤ 지구가 공전해서 나타나는 현상에는 어떤 것들이 있나요?

3 이 글의 짜임으로 알맞은 것은 무엇인가요? ( )

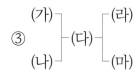

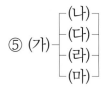

4 만약 지구의 자전축이 기울어져 있지 않은 채로 공전한다면, 일어날 수 있는 일은 무엇인가요?
( )

① 공전 궤도가 달라질 것이다.
② 계절의 변화가 나타나지 않을 것이다.
③ 지구의 공전 주기가 365일보다 더 길어질 것이다.
④ 한 지역의 밤하늘에서 같은 별자리만 볼 수 있을 것이다.
⑤ 현재의 여름이 겨울이 되고, 현재의 겨울이 여름이 될 것이다.

5 우리가 계절마다 밤하늘에서 볼 수 있는 별자리가 달라지는 까닭을 골라 ○표 하세요.

별이 계절마다 지구를 중심으로 이동하면서 위치를 바꾸기 때문에	지구가 공전하면서 지구의 위치에 따라 태양이 보이는 위치가 달라지기 때문에	지구가 자전하면서 지구의 위치에 따라 태양이 보이는 위치가 달라지기 때문에
( )	( )	( )

6 다음 내용을 추가하기에 가장 적절한 위치는 어디인가요? ( )

> 이처럼 지구의 공전 때문에 천체가 일 년을 주기로 지구의 둘레를 한 바퀴 도는 것처럼 보이는 현상을 '연주 운동'이라고 합니다.

① (가) 문단 뒤   ② (나) 문단 뒤   ③ (다) 문단 뒤
④ (라) 문단 뒤   ⑤ (마) 문단 뒤

7 이 글을 읽고 잘못 이해한 친구의 이름을 쓰세요.

- 나리: 별의 시차는 지구 공전의 가장 직접적인 증거야.
- 송희: 자전축을 기준으로 북반구가 태양 쪽을 향하면 우리나라가 여름이 되는구나.
- 원재: 태양이 사자자리 쪽에 있으면 우리는 밤하늘에서 사자자리를 잘 볼 수 있겠네.
- 승우: 실제로는 지구가 움직이는 것이지만, 우리 눈에는 별이 매일 동쪽에서 서쪽으로 약 1°씩 움직이는 것처럼 보여.

( )

태양계 행성의 공전 주기

수성은 공전 주기가 약 88일로 태양계 행성 중 가장 빠릅니다. 금성의 공전 주기는 약 225일, 화성의 공전 주기는 약 687일, 목성의 공전 주기는 약 12년, 토성의 공전 주기는 약 29년, 천왕성의 공전 주기는 약 84년입니다. 태양과 가장 멀리 떨어진 해왕성은 공전 주기가 약 165년으로, 태양계 행성 중 공전 주기가 가장 느립니다.

1 다음 낱말의 알맞은 뜻을 골라 ○표 하세요.

(1) **각**
원이나 곡선 위의 두 점 사이의 둥근 부분. ·············· ( )
한 점에서 갈리어 나간 두 직선의 벌어진 정도. ········· ( )

(2) **증거**
물품 등을 선물로 줌. ······························ ( )
어떤 사실을 증명할 수 있는 근거. ················ ( )

(3) **공전**
천체가 스스로 고정된 축을 중심으로 회전함. ·········· ( )
한 천체가 다른 천체를 중심으로 주기적으로 도는 일. ···· ( )

2 다음 문장에서 밑줄 친 낱말의 기본형을 쓰고, 이와 비슷한 뜻을 가진 낱말을 보기 에서 찾아 쓰세요.

보기	재다	막히다	쏠리다

(1) 액자가 벽의 오른쪽으로 기울어 있다.   ⬚ — ⬚

(2) 간호사가 온도계로 아기의 체온을 측정했다.   ⬚ — ⬚

(3) 새로 생긴 건물에 가려서 산이 잘 보이지 않는다.   ⬚ — ⬚

3 다음의 밑줄 친 낱말이 같은 뜻을 가진 문장을 바르게 선으로 이어 보세요.

(1) 팽이가 잘 돌고 있다.   •

(2) 공장이 안정적으로 돌고 있다.   •

(3) 그의 이름이 머릿속에서만 뱅뱅 돌고 입 밖으로 나오지 않았다.   •

• ㉠ 바람이 불자 풍차가 천천히 돌기 시작했다.

• ㉡ 사람들이 일을 잘 하기 위해서는 기계도 잘 돌아야 한다.

• ㉢ 친구와 갔던 가게의 이름이 혀끝에서만 뱅뱅 돌 뿐 결국 떠오르지 않았다.

달은 왜 같은 면만 보일까요?

 **매체 독해** 다음 포스터를 보고, 물음에 답해 봅시다.

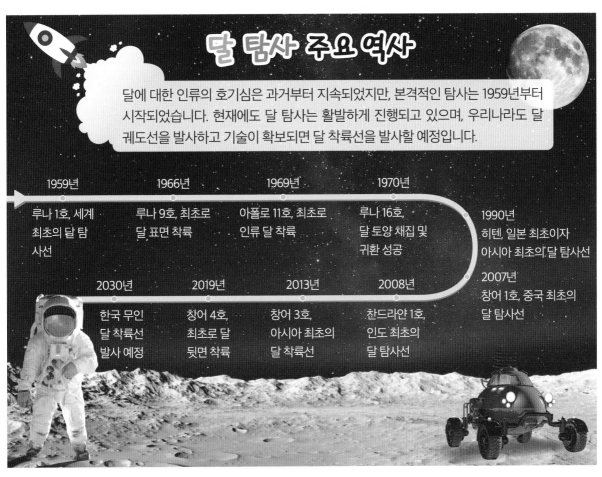

달 탐사 주요 역사

달에 대한 인류의 호기심은 과거부터 지속되었지만, 본격적인 탐사는 1959년부터 시작되었습니다. 현재에도 달 탐사는 활발하게 진행되고 있으며, 우리나라도 달 궤도선을 발사하고 기술이 확보되면 달 착륙선을 발사할 예정입니다.

1959년
루나 1호, 세계 최초의 달 탐사선

1966년
루나 9호, 최초로 달 표면 착륙

1969년
아폴로 11호, 최초로 인류 달 착륙

1970년
루나 16호, 달 토양 채집 및 귀환 성공

1990년
히텐, 일본 최초이자 아시아 최초의 달 탐사선

2007년
창어 1호, 중국 최초의 달 탐사선

2008년
찬드라얀 1호, 인도 최초의 달 탐사선

2013년
창어 3호, 아시아 최초의 달 착륙선

2019년
창어 4호, 최초로 달 뒷면 착륙

2030년
한국 무인 달 착륙선 발사 예정

1 이 포스터의 내용으로 옳은 것은 ○표, 옳지 않은 것은 ×표 하세요.

(1) 현재는 달 탐사를 하고 있지 않다. ( )

(2) 우리나라는 달 착륙선을 발사하였다. ( )

(3) 본격적인 달 탐사는 1959년부터 시작되었다. ( )

2 달 탐사 주요 역사를 시간 순서에 맞게 보기 에서 찾아 기호를 쓰세요.

> 보기
> ㉠ 최초로 인류가 달에 착륙하였다.
> ㉡ 아시아 최초로 달 탐사선을 발사하였다.
> ㉢ 루나 9호가 최초로 달 표면에 착륙하였다.
> ㉣ 창어 4호가 최초로 달 뒷면에 착륙하였다.

( ) → ( ) → ( ) → ( )

(가) 지구가 태양을 중심으로 공전하는 것처럼 달은 지구를 중심으로 공전합니다. 달은 스스로 빛을 내지 못하기 때문에 태양 빛을 **❶**반사한 부분만 밝게 보이고, 태양 빛을 받지 못하는 부분은 어둡게 보입니다. 지구와 마찬가지로 태양 빛을 받은 지역은 낮이고, 반대쪽은 밤입니다. 달이 지구 주위를 공전하므로 태양과 지구, 달의 **❷**상대적인 위치에 따라 지구에서 보이는 달의 모양은 달라집니다.

(나) 달의 모양은 약 30일을 주기로 삭, 초승달, 상현달, 보름달, 하현달, 그믐달의 순서로 변합니다. 달이 지구와 태양 사이에 있어 태양 빛에 가려 달이 보이지 않을 때를 '삭'이라 하고, 오른쪽이 가늘게 밝을 때의 달을 '초승달'이라고 하며, 오른쪽이 불룩한 모양의 반달을 '상현달'이라고 합니다. 태양-지구-달의 순서로 있을 때는 달이 공 모양으로 보이는데 이것이 '보름달'입니다. 왼쪽이 불룩한 모양의 반달은 '하현달'이라 하고, 왼쪽이 가늘게 밝을 때의 달을 '그믐달'이라고 합니다.

(다) 밝은 부분이 넓어지고 좁아질 뿐, ㉠우리가 보는 달의 전체 모습은 항상 같습니다. 그래서 같은 모습을 보고 옛날 우리 조상들은 계수나무 밑에서 토끼가 **❸**방아를 찧고 있는 모습이라고 생각했고, 유럽 사람들은 책 또는 거울을 들고 있는 여인의 모습이라고 생각했습니다. 옛날이나 현재나 우리는 달의 같은 모습만 보고 있는 것입니다. 우리가 달의 같은 면만 보게 되는 까닭은 무엇일까요? 그 이유는 달의 자전 주기와 공전 주기가 같기 때문입니다. 즉, 달은 지구를 중심으로 한 바퀴 공전하는 동안 스스로도 한 바퀴 자전하는 것입니다.

(라) 달은 왜 자전 주기와 공전 주기가 같은 것일까요? 그 이유는 달이 지구의 중력에 붙잡혀서 스스로 자전하지 못하기 때문입니다. 과학자들은 달이 만들어진 초기에 지구의 중력에 이끌려 지금의 공전 궤도에 붙잡히고 회전 속도가 느려지는 과정에서 힘이 **❹**지속적이고 안정적으로 가해졌기 때문에 달의 자전 주기와 공전 주기가 같아졌을 거라고 추측하고 있습니다.

(마) 이로 인해 지구에서는 보이지 않는 달의 반대쪽 면이 생겼고, 우리는 이를 '달의 뒷면'이라고 부르고 있습니다. 그렇다면 우리는 달의 뒷면을 영원히 볼 수 없을까요? 1959년 구소련의 우주 탐사선이 최초로 달의 뒷면을 촬영하는 데 성공하여 그 사진을 지구로 보내왔습니다. 1968년에는 미국이 발사한 탐사선이 달의 뒷면을 탐사하기도 했습니다. 달의 뒷면은 고지대가 많고 울퉁불퉁하며 수많은 운석이 충돌한 흔적으로 추정되는 **❺**크레이터가 많이 있습니다.

▲ 달의 뒷면

---

❶ 반사: 일정한 방향으로 나아가던 파동이 다른 물체의 표면에 부딪쳐서 나아가던 방향을 반대로 바꾸는 현상.

❷ 상대적: 서로 맞서거나 비교되는 관계에 있는 것.

❸ 방아: 곡식을 찧거나 빻는 기구나 설비.

❹ 지속적: 어떤 상태가 오래 계속되는 것.

❺ 크레이터: 움푹 파인 큰 구덩이 모양의 지형.

1 각 문단의 중심 내용으로 알맞지 <u>않은</u> 것은 무엇인가요?　　　　　（　　　）

① (가) 문단: 달의 모양 변화

② (나) 문단: 달의 모양에 따른 이름

③ (다) 문단: 달의 같은 면만 보이는 까닭

④ (라) 문단: 달의 자전 주기와 공전 주기가 같은 까닭

⑤ (마) 문단: 달의 앞면과 뒷면의 차이

2 이 글을 통해 알 수 있는 내용으로 알맞지 <u>않은</u> 것은 무엇인가요?　　　　（　　　）

① 달은 낮과 밤이 바뀌지 않는다.

② 달은 자전 주기와 공전 주기가 같다.

③ 달의 모양은 약 30일을 주기로 변한다.

④ 달은 지구의 중력에 붙잡혀서 스스로 자전하지 못한다.

⑤ 달의 모양은 삭, 초승달, 상현달, 보름달, 하현달, 그믐달의 순서로 변한다.

3 이 글을 읽은 친구들에게 다음과 같은 질문을 했습니다. 가장 알맞게 대답한 친구를 골라 ○표 하세요.

> **질문** 지구에서 달을 볼 때 달의 모양이 달라 보이는 까닭은 무엇인가요?

지우: 달이 스스로 빛을 내고 있는 부분을 우리가 보기 때문입니다.

（　　　）

주원: 달이 자전하면서 태양 빛을 받는 부분이 달라지기 때문입니다.

（　　　）

서연: 달이 공전하여 태양, 지구, 달의 상대적 위치가 달라지기 때문입니다.

（　　　）

4 ㉠의 원인으로 알맞은 것은 무엇인가요?　　　　　　　　　　　　　（　　　）

① 달의 자전 주기와 공전 주기가 같기 때문이다.

② 달의 공전 주기가 자전 주기보다 느리기 때문이다.

③ 달의 공전 주기가 자전 주기보다 빠르기 때문이다.

④ 달의 공전 주기와 지구의 공전 주기가 같기 때문이다.

⑤ 달의 자전 주기와 지구의 자전 주기가 같기 때문이다.

5 다음 내용과 관련 있는 문단은 무엇인가요? ( )

> 어른이 아이의 손을 잡고 뱅뱅 돌리는 장면과 비슷하다. 어른은 주변을 돌고 있는 아이의 앞모습만 볼 수 있다. 이때 어른은 지구, 아이는 달이라고 할 수 있다. 즉, 달은 지구의 중력에 붙잡혀서 스스로 자전하지 못하고 공전에 의해 어쩔 수 없이 자전하게 되는 것이다.

① (가) 문단   ② (나) 문단   ③ (다) 문단
④ (라) 문단   ⑤ (마) 문단

6 달의 뒷면과 관련된 설명으로 옳은 것은 ○표, 옳지 <u>않은</u> 것은 ×표 하세요.

(1) 달의 뒷면은 저지대가 많고 매끈매끈하다. ( )
(2) 1959년에 우주 탐사선이 최초로 달의 뒷면을 촬영했다. ( )
(3) 달의 뒷면은 수많은 운석과 충돌했을 것으로 추정된다. ( )

7 다음은 달이 공전에 따른 모양 변화를 그림으로 니티낸 것입니다. 이에 대한 실명으로 옳지 <u>않은</u>
것은 무엇인가요? ( )

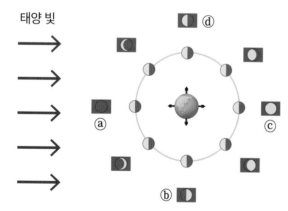

① ⓐ는 삭이다.
② ⓑ는 상현달이다.
③ ⓓ는 하현달이다.
④ ⓐ와 ⓑ 사이에 있는 달은 초승달이다.
⑤ ⓒ와 ⓓ 사이에 있는 달은 그믐달이다.

배경+지식 넓히기

음력

음력은 달의 모양을 기준으로 만든 달력입니다. 달의 모양이 변하는 주기는 평균 29.5일로, 음력은 한 달의 길이로 29일과 30일을 번갈아 사용합니다. 하지만 이 계산으로는 1년에 365일인 양력과 11일의 차이가 생기는데, 이 차이를 맞추기 위해 윤달을 만들었습니다.

1 다음 빈칸에 들어갈 말의 뜻을 보고, 알맞은 낱말을 보기 에서 찾아 쓰세요.

> 보기   반사   방아   크레이터

(1) 방앗간에서 _____ 찧는 소리가 들렸다.
      └ 곡식을 찧거나 빻는 기구나 설비.

(2) 달과 수성의 표면에는 _____가 매우 많다.
      └ 움푹 파인 큰 구덩이 모양의 지형.

(3) 새로 산 모니터는 불빛의 _____가 심해서 눈이 아팠다.
      └ 일정한 방향으로 나아가던 파동이 다른 물체의 표면에 부딪쳐서 나아가던 방향을
        반대로 바꾸는 현상.

2 다음 문장의 빈칸에 들어갈 알맞은 낱말의 기본형을 찾아 바르게 선으로 이어보세요.

(1) 나는 엄마 손에 _____ 치과에 갔다.   •   • ㉠ 가하다

(2) 시간이 얼마 안 남자 상대 팀은 공격을 _____ 왔다.   •   • ㉡ 이끌리다

(3) 검사는 당시의 현장을 _____ 사진을 증거물로 제시했다.   •   • ㉢ 촬영하다

3 다음 문장에 들어갈 알맞은 낱말을 골라 ○표 하세요.

(1) { 일한 대가로 (삭 / 삯)을 받아서 기분이 좋다.
     { (삭 / 삯)일 때에는 달이 태양 빛에 가려 보이지 않는다.

(2) { 죽을 쑤려고 쌀을 (찢었다 / 찧었다).
     { 슬아는 필요 없는 영수증을 모두 (찢었다 / 찧었다).

(3) { 미래는 다리를 다쳐서 걸음이 (느리다 / 늘이다).
     { 아이가 계속해서 고무줄을 길게 (느리다 / 늘이다).

 **매체 독해** 다음 누리 소통망(SNS)를 보고, 물음에 답해 봅시다.

1 우리나라에서 바다 갈라짐 현상을 많이 볼 수 있는 곳을 모두 골라 ○표 하세요.

남해안 ☐   동해안 ☐   서해안 ☐

2 이 글을 보고 바다 갈라짐 현상이 나타나는 까닭을 정리할 때 빈칸에 들어갈 알맞은 말을 골라 ○표 하세요.

> 바다 갈라짐 현상은 (밀물 / 썰물)일 때 바닷물에 땅이 잠겨 있다가 (밀물 / 썰물)일 때 땅이 드러나기 때문에 나타난다.

　우리나라의 남해안과 서해안에는 바다 갈라짐 현상이 나타나는 곳이 있습니다. 이 현상은 밀물일 때에는 바다에 잠겼다가 썰물일 때 높은 **❶해저** 지형이 바다 위로 드러나서 바다를 양쪽으로 갈라놓은 것처럼 보이는 것입니다. '밀물'은 해수면이 높아져서 바닷물이 육지 쪽으로 들어오는 흐름을, '썰물'은 해수면이 낮아져서 바닷물이 바다 쪽으로 빠지는 흐름을 말합니다. 그렇다면 밀물과 썰물이 일어나는 원인은 무엇일까요?

　지구에서 밀물과 썰물이 발생하는 원인은 달의 **❷ 인력** 때문입니다. 인력은 지구와 달 사이의 거리에 따라 달라지는데, 달과 가까운 쪽, 즉 달을 마주 보는 쪽에서는 인력이 강하게 작용하고, 반대편 쪽은 인력이 약하게 작용합니다. 단단한 암석인 육지와 달리, 액체인 바닷물은 이러한 달의 인력에 따라 크게 움직입니다. 그리고 지구와 달이 마주 보는 부분뿐만 아니라 반대쪽 부분도 바닷물이 모이는데, 이는 지구가 자전하면서 생긴 **❸원심력** 때문입니다. 그 결과, 달과 마주 보는 부분과 그 반대쪽은 바닷물이 모이는 밀물이 되고, 그 외의 부분은 물이 빠져나가 수심이 얕아지는 썰물이 됩니다. 지구는 하루에 한 바퀴씩 자전하기 때문에 달과 마주 보는 면이 계속 바뀌므로 보통 하루에 두 번씩 밀물과 썰물이 나타납니다.

　한편, 태양과 지구 사이에도 인력이 작용합니다. 태양은 달보다 질량이 훨씬 더 크지만 지구와의 거리가 너무 멀기 때문에 달보다는 영향을 적게 미칩니다. 밀물로 해수면이 가장 높을 때를 '만조'라고 하고, 썰물로 해수면이 가장 낮을 때를 '간조'라고 하며, 이때의 높이 차를 '조차'라고 합니다. 태양, 지구, 달이 일직선에 있는 보름달이거나 삭일 때에는 태양도 같은 방향으로 잡아당기기 때문에 조차가 가장 커집니다. 반대로 태양, 지구, 달이 **❹직각**을 이루는 상현달이나 하현달일 때에는 태양과 달의 인력이 서로 다른 방향으로 작용하여 조차가 작아집니다.

　과학자들은 지금의 지구와 달 사이의 거리가 가장 **❺이상적**이라고 말합니다. 만약 지구와 달 사이의 거리가 지금보다 더 가까웠다면, 달의 인력이 너무 강해 조차가 커져서 많은 육지가 바다에 잠겼다가 나오게 될 것입니다. 반대로 달이 지금보다 더 멀리 있었다면, 달의 인력이 너무 약해 조차가 작아져서 바닷물이 충분히 섞이지 못해 여러 가지 문제들이 발생했을 것이라고 예측합니다.

----

❶ **해저**: 바다의 밑바닥.
❷ **인력**: 질량을 가진 물체끼리 서로 끌어당기는 힘.
❸ **원심력**: 원운동을 하는 물체에 작용하는, 원의 바깥으로 나아가려는 힘.
❹ **직각**: 두 직선이 만나서 이루는 90°의 각.
❺ **이상적**: 생각할 수 있는 범위 안에서 가장 완전하다고 여겨지는 것.

1 이 글에서 설명하는 중심 대상은 무엇인가요?　　　　　　　　　（　　　　）

① 밀물과 썰물
② 달의 자전과 공전
③ 육지와 바다의 차이점
④ 우리나라 주변의 바다
⑤ 지구에서 달과 태양과의 거리 비교

2 이 글에서 사용된 설명 방법으로 알맞지 <u>않은</u> 것은 무엇인가요?　　　（　　　　）

① 대상의 사전적 의미를 밝히며 글을 시작하고 있다.
② 특정 현상의 문제점을 문답의 형식으로 소개하고 있다.
③ 전문가의 말을 인용하며 새로운 상황을 예측하고 있다.
④ 특정 현상이 일어나는 원인을 인과 관계로 설명하고 있다.
⑤ 특정 현상을 가정하여 일어날 수 있는 일을 제시하고 있다.

3 이 글의 내용과 일치하지 <u>않는</u> 것은 무엇인가요?　　　　　　　（　　　　）

① 지구에는 보통 하루에 두 번씩 밀물과 썰물이 나타난다.
② 태양은 너무 멀리 떨어져 있어서 인력이 작용하지 않는다.
③ 지구와 달 사이의 거리가 가까우면 달의 인력이 크게 작용한다.
④ 바닷물이 빠져나가 해수면이 낮아지는 현상을 썰물이라고 한다.
⑤ 달과 마주 보는 부분과 그 반대쪽은 바닷물이 모이는 밀물이 된다.

4 　인력　에 대한 설명으로 알맞은 것을 골라 ○표 하세요.

인력은 두 물체 사이의 거리가 가까워지면 커진다.	원운동을 하는 물체가 바깥쪽으로 나아가려는 힘이다.	지구와 달이 마주 보는 부분은 인력의 영향을 가장 적게 받는다.
（　　　　）	（　　　　）	（　　　　）

5 이 글을 읽고 다음 그림을 이해한 내용으로 알맞은 것은 무엇인가요? ( )

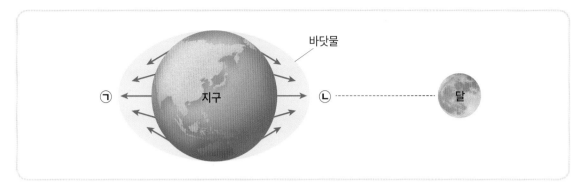

① ㉠에서는 달의 인력에 의해 밀물이 발생한다.

② ㉠에서는 지구의 자전에 따른 원심력에 의해 밀물이 발생한다.

③ ㉡에서는 달의 인력에 의해 썰물이 발생한다.

④ ㉡에서는 지구의 자전에 따른 원심력에 의해 썰물이 발생한다.

⑤ ㉠과 ㉡에서는 모두 달보다는 태양의 인력에 더 영향을 받아 밀물이 발생한다.

6 태양이 밀물과 썰물에 미치는 영향이 달에 비해 적은 까닭은 무엇인가요? ( )

① 태양의 질량이 달보다 크기 때문이다.

② 태양의 질량이 달보다 작기 때문이다.

③ 태양의 원심력이 지구보다 크기 때문이다.

④ 태양이 달보다 지구와 가까이 있기 때문이다.

⑤ 태양이 달에 비해 지구와 멀리 떨어져 있기 때문이다.

7 지금보다 지구와 달 사이의 거리가 가까울 때 일어날 수 있는 현상으로 옳은 것은 ○표, 옳지 않은 것은 ×표 하세요.

(1) 많은 육지가 바다에 잠겼다가 나올 것이다. ( )

(2) 지구의 바닷물이 충분히 섞이지 못할 것이다. ( )

(3) 간조와 만조일 때의 높이 차가 지금보다 더 커질 것이다. ( )

조력 발전

조력 발전소에서는 바다의 밀물과 썰물 때 해수면의 높이 차이를 이용하여 전기를 생산합니다. 밀물일 때 조류가 밀려드는 동안 수문이 열려 저수지가 채워지고 만조가 되면 수문이 닫힙니다. 썰물일 때 바닷물의 높이가 낮아지면 저수지의 물을 방수하여 물이 떨어지면서 터빈을 회전시켜 발전기를 작동시킵니다.

하루 어휘

1 다음 밑줄 친 낱말의 뜻으로 알맞은 것을 바르게 선으로 이어 보세요.

(1) 해저 자원 개발에 뛰어든 회사가 많다. •

(2) 그녀는 몸을 직각으로 굽혀 손님들에게 인사했다. •

(3) 차를 타고 가던 민호는 모퉁이를 돌 때 원심력을 느꼈다. •

• ㉠ 바다의 밑바닥.

• ㉡ 두 직선이 만나서 이루는 90°의 각.

• ㉢ 원운동을 하는 물체에 작용하는, 원의 바깥으로 나아가려는 힘.

2 다음 두 낱말이 합쳐져 만들어지는 낱말을 쓰세요.

(1) 이 + 몸 →

(2) 바다 + 물 →

(3) 뒤 + 머리 →

(4) 아래 + 마을 →

3 다음 문장에서 밑줄 친 낱말의 기본형을 쓰고, 이와 반대의 뜻을 가진 낱말을 보기 에서 찾아 쓰세요.

보기   당기다   가라앉다   결합하다

(1) 튜브를 타고 물에 뜬 채로 있었다.   ↔

(2) 싱크홀 현상으로 도로가 갈라졌다.   ↔

(3) 나는 할머니를 도와드리려고 수레를 뒤에서 밀었다.   ↔

5장 태양이 달 뒤에 숨어요

정답 확인

하루한장 앱에서
학습 인증하고
하루템을 모으세요!

 **매체 독해** 다음 뉴스 화면을 보고, 물음에 답해 봅시다.

약 2시간 동안 진행된 일식 우주 쇼

어제 오후 3시 53분(서울 지역 기준)부터 약 2시간 동안 달이 태양의 일부를 가리는 부분 일식이 발생했습니다. 한국 천문 연구원에 따르면 날씨가 맑아 우리나라 모든 지역에서 관측이 가능했고, 태양 면적의 45 %가 달에 가려졌다고 합니다. 우리나라에서 볼 수 있는 다음 일식은 2030년 6월 1일로 예상됩니다.

1 다음은 이 뉴스를 요약한 내용입니다. 빈칸에 들어갈 알맞은 낱말을 쓰세요.

어제 서울 지역을 기준으로 오후 3시 53분부터 약 2시간 동안 달이 태양의 일부를 가리는 (　　　　　　　)이/가 발생했다.

2 이 뉴스를 보고, <u>잘못</u> 이해한 친구의 이름을 쓰세요.

- 혜인: 어제 오후 3시 53분에 일식이 발생했대.
- 현우: 날씨가 맑아서 우리나라 모든 지역에서 관측이 가능했대.
- 우진: 나도 봤어! 태양 면적의 45 % 정도가 달에 가려졌다고 하던데.
- 도윤: 전 세계에서 볼 수 있는 다음 일식은 2030년에 있다던데, 그때는 나도 꼭 직접 볼 거야.

(　　　　　　　　　　　　)

(가) 맑은 날 태양이 밝게 빛나고 있습니다. 갑자기 둥글고 검은 물체가 태양을 가리더니 세상이 어두워졌다가 물체가 사라지면서 다시 태양이 보이기 시작합니다. 이 현상은 일식이 일어날 때의 모습입니다. 태양을 가렸던 검은 물체는 바로 달입니다. 옛날에 우리 조상들은 일식을 **①**불길한 **②**징조로 생각했고, 왕이 **③**덕을 쌓지 않아 일식이 일어난다고 생각했습니다. 일식은 왜 일어나는 것일까요?

(나) 태양계 행성들은 각각 정해진 궤도를 따라 운동하고 있는데, 그중 지구는 태양을 중심으로 돌고, 달은 지구를 중심으로 돕니다. 그러다가 태양-달-지구의 순서로 일직선 위에 놓일 때 달이 태양을 가리면 태양이 보이지 않게 됩니다. 그리고 태양의 빛이 달에 가려져 지구에는 달의 그림자가 생기게 되는데, 이러한 현상을 '일식'이라고 합니다. 이때 달은 삭의 위치이며, 달이 태양을 가리는 정도에 따라 개기 일식, 부분 일식, 금환 일식으로 구분합니다. 일식은 지구에서 달의 그림자가 생기는 지역에서만 볼 수 있습니다.

(다) 달이 태양을 완전히 가리는 현상을 '개기 일식'이라고 합니다. 개기 일식이 일어나면 낮인데도 2~3분 정도 거의 밤처럼 깜깜해집니다. 개기 일식이 일어나는 일은 매우 드물고 지역에 따라 관찰할 수 있는 기회가 적어서 사람들은 일부러 개기 일식을 관찰할 수 있는 곳을 찾아가기도 합니다. 개기 일식이 일어나면 평소에는 태양의 밝은 빛 때문에 볼 수 없었던, 진주색으로 빛나는 태양의 대기층인 코로나를 볼 수 있습니다.

(라) 달이 태양을 완전히 가리지 못하고 태양의 일부분만을 가리는 현상을 '부분 일식'이라고 합니다. 부분 일식이 일어나면 태양이 초승달처럼 보입니다. 아주 드물게 달이 태양의 가장자리만 남긴 채 가리는 경우도 있는데, 이 모습이 마치 금반지처럼 보여서 '금환 일식'이라고 합니다. 금환 일식은 개기 일식이 일어날 때 지구와 달 사이의 거리가 상대적으로 멀어지고 달에서 태양까지의 거리가 가까워진 경우에, 지구에서 겉으로 보이는 달의 크기가 태양보다 작아서 태양을 완전히 가리지 못해 나타나는 현상입니다.

(마) 한편, 일식을 관찰할 때에는 태양을 직접 쳐다보면 안 됩니다. 태양이 가려지면 태양 빛은 줄지만, 눈동자가 커지면서 더 많은 빛을 받아들여 눈에 **④**손상을 줄 수 있기 때문입니다. 그러므로 태양 전용 필터나 여러 겹의 짙은 색 셀로판지를 이용하여 일식을 간접적으로 관측해야 합니다. 일식을 자세히 관찰하고 싶다는 생각으로 태양 전용 필터를 끼우지 않고 망원경, 쌍안경 등의 도구로 직접 관측하는 것 또한 매우 위험합니다.

---

① 불길하다: 운수 따위가 좋지 않거나 일이 예사롭지 않음.
② 징조: 어떤 일이 생길 기미.

③ 덕: 도덕적·윤리적 이상을 실현해 나가는 인격적 능력.
④ 손상: 병이 들거나 다침.

1 이 글의 중심 낱말은 무엇인지 쓰세요.

(   )

2 (가)~(마) 문단의 중심 내용으로 알맞지 <u>않은</u> 것은 무엇인가요? (   )

① (가) 문단: 일식과 이에 대한 조상들의 생각
② (나) 문단: 일식이 일어나는 원리와 종류
③ (다) 문단: 개기 일식의 특징
④ (라) 문단: 부분 일식과 금환 일식
⑤ (마) 문단: 일식을 관찰할 수 있는 날

3 이 글에 사용된 설명 방법으로 알맞은 것은 무엇인가요? (   )

① 매체 자료를 활용하여 독자의 이해를 돕고 있다.
② 하나의 대상을 구성 요소로 나누어 설명하고 있다.
③ 통계 자료를 제시하여 글 내용의 신뢰성을 높이고 있다.
④ 하나의 현상을 설명하는 여러 가지 이론을 제시하고 있다.
⑤ 비유적 표현을 사용하여 대상을 효과적으로 설명하고 있다.

4 이 글을 읽고 일식이 일어나는 이유를 알맞게 설명한 친구의 이름을 쓰세요.

> • 고은: 지구와 달이 운동을 하다가 공전 궤도에서 벗어날 때가 있기 때문이야.
> • 보라: 지구가 운동을 하다가 태양을 가려서 태양이 보이지 않게 되는 경우가 있기 때
>   문이야.
> • 시원: 지구와 달이 운동을 하다가 태양이 달을 가려서 달이 보이지 않게 되는 경우가
>   있기 때문이야.
> • 슬기: 지구와 달이 운동을 하다가 달이 태양을 가려서 태양이 보이지 않게 되는 경우
>   가 있기 때문이야.

(   )

5 개기 일식에 대한 설명으로 알맞지 <u>않은</u> 것은 무엇인가요? ( )

① 달이 태양의 일부를 가릴 때 발생한다.

② 2~3분 정도의 짧은 시간 동안 일어난다.

③ 개기 일식이 일어나면 밤처럼 어두워진다.

④ 지역에 따라 개기 일식을 관찰할 수 있는 기회가 적다.

⑤ 평소에는 볼 수 없었던 태양의 코로나를 관찰할 수 있다.

6 이 글을 읽고 다음 그림을 이해한 내용으로 알맞은 것은 무엇인가요? ( )

 ㉠  ㉡ 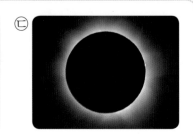 ㉢

① ㉠은 개기 일식이 일어난 상황이다.

② ㉠은 달이 태양을 완전히 가린 것이다.

③ ㉡은 달이 태양의 일부분을 가린 것이다.

④ ㉡과 같은 현상을 금환 일식이라고 한다.

⑤ ㉢은 지구에서 겉으로 보이는 달의 크기가 태양보다 작을 때 일어난다.

7 일식을 관찰하는 방법으로 옳은 것은 ○표, 옳지 <u>않은</u> 것은 ×표 하세요.

(1) 태양 전용 필터로 관찰해야 한다. ( )

(2) 여러 겹의 짙은 색 셀로판지로 관측해야 한다. ( )

(3) 망원경이나 쌍안경을 이용하면 맨눈으로 관측해도 된다. ( )

배경 +지식 넓히기

우리나라의 개기 일식

1887년 8월 19일에 함경북도에서 개기 일식이 있었고, 남한에서는 1852년 12월 11일에 개기 일식이 나타났다고 기록되어 있습니다. 그리고 1948년 5월 9일에는 금환 일식을 관찰할 수 있었습니다. 앞으로 우리나라에서 볼 수 있는 개기 일식은 2035년 9월 2일과 2063년 8월 24일에 있을 예정입니다.

1 다음 밑줄 친 낱말의 알맞은 뜻을 보기 에서 찾아 기호를 쓰세요.

> **보기**
> ㉠ 병이 들거나 다침.
> ㉡ 어떤 일이 생길 기미.
> ㉢ 도덕적·윤리적 이상을 실현해 나가는 인격적 능력.

(1) 그는 사고로 뇌에 손상을 입었다. ( )

(2) 내 꿈 이야기를 들은 형은 좋은 일이 있을 징조라고 하였다. ( )

(3) 박 교수는 학식은 물론 덕을 갖추고 있어 제자들의 존경을 받는다. ( )

2 다음 문장에서 '드물다'의 알맞은 뜻을 찾아 바르게 선으로 이어 보세요.

(1) 논에 모를 드물게 심어라. •

(2) 이 길은 매우 외져서 인적이 드물다. •

(3) 이제 카세트테이프는 보기 드문 물건이 되었다. •

• ㉠ 흔하지 아니하다.

• ㉡ 어떤 일이 일어나는 일이 잦지 아니하다.

• ㉢ 공간의 사이가 좁지 아니하고 어느 정도 떨어져 있다.

3 다음 문장에 들어갈 알맞은 낱말을 골라 ○표 하세요.

(1)
나는 발에 (닫는 / 닿는) 흙의 보드라움을 느꼈다.
문을 (닫는 / 닿는) 일이 어려운 일은 아니지 않니?

(2)
지구는 태양을 중심으로 일정한 (괘도 / 궤도)를 그리며 운동한다.
옛날에는 수업 시간에 멀티미디어 대신 (괘도 / 궤도)를 활용하였다.

(3)
아침에 가지고 나온 물건의 절반(가량 / 가령)이 팔렸다.
(가량 / 가령) 복권에 당첨된다면 너는 어떻게 하고 싶니?

보름달이 점점 사라져요

 **매체 독해** 다음 인터넷 기사를 보고, 물음에 답해 봅시다.

미래일보   뉴스 홈 | 세계 | 정치 | 사회 | 경제 | **과학** | 스포츠 | 연예

오늘 밤, 개기 월식 볼 수 있다

한국 천문 연구원은 오늘 밤 달이 지구의 그림자에 완전히 가려지는 개기 월식이 일어난다고 예보했다. 이번 월식은 18시 44분에 달의 일부분이 가려지는 부분 월식이 시작되지만, 달이 19시 35분에 뜨기 때문에 이 시점 이후부터 관측이 가능하다. 달이 지구 그림자에 완전히 들어가는 현상은 20시 9분에 시작되며 20시 27분에 종료된다. 이후 부분 월식이 다시 진행되어 22시 51분에 월식의 전 과정이 종료된다.

○○○ 과학관은 오후 6시 30분부터 개기 월식을 온라인으로 생중계하면서 월식이 일어나는 원리, 일식과 월식의 차이 등을 소개할 예정이다. □□□ 관장은 "달에서 펼쳐지는 신비한 천문 현상을 보고 달 탐사에 대한 도전과 희망을 꿈꾸는 계기가 되기를 바란다."라고 전하였다.

---

1 다음 빈칸에 들어갈 알맞은 숫자를 쓰세요.

> 이번 월식은 오후 (   )시 (   )분부터 오후 (   )시
> (   )분까지 관측할 수 있다.

2 이 인터넷 기사에 대한 내용으로 옳지 <u>않은</u> 것은 무엇인가요?   (   )

① 오늘 밤 달의 부분 월식과 개기 월식을 함께 볼 수 있다.
② 달이 지구 그림자에 완전히 들어가는 시간은 18분 정도이다.
③ 지구의 그림자에 달이 완전히 가려지는 현상을 개기 월식이라고 한다.
④ 오후 6시 30분부터 시작되는 온라인 생중계를 통해 월식을 볼 수 있다.
⑤ 과학관의 관장이 생중계의 진행을 담당하여 월식에 대해 소개할 것이다.

글 독해 다음 글을 읽고, 물음에 답해 봅시다.

(가) 보름달이 뜬 밤, 달의 왼쪽이 가려지면서 검은 그림자가 점점 커지더니 완전히 어두워집니다. 그러다가 붉은색 달이 나타났다가 달의 왼쪽부터 다시 보이기 시작하고, 원래의 보름달 모습을 띱니다. 이 현상은 월식이 일어날 때의 모습입니다. 달을 가렸던 검은 그림자는 바로 지구입니다. 옛날 사람들은 붉은 달을 신이 ❶계시하는 불길한 징조라고 생각하여 월식이 일어나는 것을 두려워했습니다. 월식은 왜 일어나는 것일까요?

(나) 달이 지구를 중심으로 돌다가 태양의 반대쪽에 있을 때, 즉 태양-지구-달의 순서로 일직선 위에 놓여 있을 때 지구의 그림자가 달을 가리는 순간이 있습니다. 지구에서 보았을 때 이렇게 달이 지구의 그림자 속으로 들어가 달의 일부나 전체가 보이지 않는 현상을 '월식'이라고 합니다. 이때 달의 모양은 보름달이지만, 지구의 공전 궤도와 달의 공전 궤도가 기울어져 있기 때문에 보름달일 때마다 월식이 언제나 일어나는 것은 아닙니다. 지구의 그림자는 태양의 빛에 의해 만들어집니다. 지구의 그림자에 달 전체가 가려지는 현상을 '개기 월식'이라 하고, 달의 일부가 가려지는 현상을 '부분 월식'이라고 합니다.

(다) 개기 월식이 일어나면 개기 일식과 다르게 달이 완전히 사라지지 않고, 어두운 붉은색으로 보입니다. 그 까닭은 지구에 대기가 있기 때문입니다. 태양에서 오는 빛은 지구의 대기를 지나면서 ❷굴절되어 달 표면에 도달합니다. 이때 지구 대기를 통과하는 빛 중 푸른색 빛은 대기 중에서 ❸산란되어 달의 표면에 도달하지 못하고, 붉은색 빛이 대기를 통과하여 달의 표면에 도달합니다. ㉠따라서 달의 색깔이 붉게 관측되는 것입니다.

▲ 개기 월식일 때 달의 모습

(라) 월식은 일반적으로 일식과 비교하여 설명되는데, 고대 ❹신화에서도 월식과 일식이 함께 등장하는 경우가 많이 있습니다. 지구는 달보다 크기 때문에 월식을 관찰할 수 있는 시간이 일식을 관찰할 수 있는 시간보다 더 깁니다. 개기 일식은 몇 분 정도만 볼 수 있지만, 개기 월식은 한 시간 이상 볼 수 있습니다. 또한 일식은 한정된 지역에서만 볼 수 있지만, 월식은 지구에서 밤이 되는 모든 지역에서 관찰할 수 있기 때문에 일식보다 월식을 관찰할 기회가 더 많으며, 보통 일 년에 2~3회 정도 월식이 일어납니다.

----

❶ **계시**: 사람이 모르는 일을 신이 가르쳐 알게 하는 것.
❷ **굴절**: 빛이나 소리의 진행 방향이 바뀌는 현상.
❸ **산란**: 빛이 대기와 충돌하여 여러 방향으로 흩어지는 현상.
❹ **신화**: 고대인의 생각이 반영된 신성한 이야기.

1 이 글의 중심 낱말은 무엇인지 쓰세요.

(   )

2 이 글에 사용된 설명 방법으로 알맞은 것은 무엇인가요? (   )

① 특정 현상에 대한 대립적인 이론을 제시한 후 절충하고 있다.

② 특정 현상의 특징을 설명하기 위해 다른 현상과 비교하고 있다.

③ 여러 사례를 활용하여 특정 현상과 관련한 이론을 반박하고 있다.

④ 특정 현상이 지닌 문제점을 전문가의 견해를 인용하여 소개하고 있다.

⑤ 특정 현상의 두 가지 측면을 알아본 뒤 앞으로의 방향성을 제시하고 있다.

3 이 글을 읽고 가장 적절한 반응을 보인 친구는 누구인가요? (   )

① 민수: 보름달이 뜰 때마다 월식을 볼 수 있겠군.

② 은지: 월식보다 일식을 더 많이 관찰할 수 있겠어.

③ 성희: 월식 관찰 시간이 일식 관찰 시간보다 길겠군.

④ 정원: 월식은 지구에서 낮이 되는 시간에 관찰이 가능하겠네.

⑤ 수영: 개기 월식이 일어나면 달이 완전히 사라져서 보이지 않을 거야.

4 ㉠의 이유에 대한 설명으로 알맞은 것을 골라 ○표 하세요.

태양 빛이 모두 지구에 가려져서 달에 도달하지 못하기 때문이다.	지구 대기를 통과하는 태양 빛 중 붉은색 빛이 달에 도달하기 때문이다.	지구 대기를 통과하는 태양 빛 중 푸른색 빛이 달에 도달하기 때문이다.
( )	( )	( )

5 다음 중 개기 월식이 일어날 수 있는 달의 위치를 골라 기호를 쓰세요.

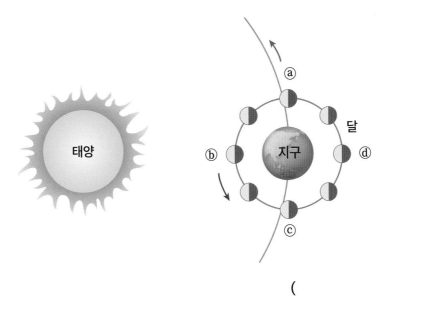

(   )

 6 다음은 이 글을 보충하기 위해 추가로 조사한 자료입니다. (가)~(라) 중 다음 자료를 활용하기에 가장 알맞은 문단을 쓰세요.

> 북유럽 신화에는 늑대가 태양이나 달을 삼키면 각각 일식이나 월식이 일어난다고 나와 있다. 그래서 일식이나 월식이 일어나면 늑대를 놀라게 해서 태양이나 달을 토해 내도록 해야 했다. 비슷한 이야기가 남아메리카와 아프리카, 동남아시아에도 등장한다.

(   )

7 이 글의 내용을 이해한 설명으로 옳은 것은 ○표, 옳지 <u>않은</u> 것은 ×표 하세요.

(1) 월식은 보통 일 년에 2~3회 정도 일어난다. ( )

(2) 월식은 지구가 달의 그림자 속으로 들어갈 때 일어나는 현상이다. ( )

(3) 옛날 사람들은 붉은 달을 신이 알려 주는 좋은 징조라고 생각하였다. ( )

 가시광선과 파장
사람의 눈으로 볼 수 있는 빛을 가시광선이라고 하는데, 파장의 범위는 대체로 380~770 nm 정도입니다. 가시광선 내에서는 파장에 따른 성질 변화가 색깔로 나타납니다. 빨간색부터 주황, 노랑, 초록, 파랑, 보라의 순으로 파장이 짧아집니다. 빛을 분산, 굴절시키면 색상이 파장에 따라 나누어지는 것을 볼 수 있습니다.

1 다음 빈칸에 들어갈 말의 뜻을 보고, 알맞은 낱말을 보기 에서 찾아 쓰세요.

> 보기   계시   굴절   신화

(1) 빛의 _____ 때문에 물속에 잠긴 빨대가 위로 꺾여 보인다.
   └ 빛이나 소리의 진행 방향이 바뀌는 현상.

(2) 그는 꿈에서 신의 _____을/를 받고 성직자가 되기로 결심했다.
   └ 사람이 모르는 일을 신이 가르쳐 알게 하는 것.

(3) 옛날 사람들은 별의 무리를 구분해 _____에 나오는 동물, 사람의 이름을 붙였다.
   └ 고대인의 생각이 반영된 신성한 이야기.

2 다음 문장에서 밑줄 친 낱말이 어떤 뜻으로 사용되었는지 번호를 쓰세요.

산란 ─┬─ ① 알을 낳음.
      │
      └─ ② 빛이 대기와 충돌하여 여러 방향으로 흩어지는 현상.

(1) 마당에서 키우는 닭이 첫 산란을 했다.   (   )
(2) 오늘은 산란 시기가 된 금붕어의 특징에 대해 배웠다.   (   )
(3) 달에는 대기가 없기 때문에 빛의 산란이 일어나지 않는다.   (   )
(4) 파장이 짧은 파란색 빛은 파장이 긴 빨간색 빛보다 산란되는 빛의 세기가 강하다.
                                                          (   )

3 다음 빈칸에 들어갈 말의 뜻을 보고, 알맞은 낱말의 기본형을 골라 ○표 하세요.

(1) 선착장에 가려면 마을을 _____ 한다. | 통과하다 | | 통합하다 |
   └ 어떤 곳이나 때를 거쳐서 지나가야.

(2) 서양에서는 13일의 금요일을 _____ 여긴다. | 불길하다 | | 불리하다 |
   └ 운수 따위가 좋지 아니하게.

(3) 목표 점수에 _____ 은수는 기쁨의 미소를 지었다. | 도달하다 | | 도전하다 |
   └ 목적한 곳이나 수준에 다다른.

주제3. 지구의 운동과 달의 운동

낱말판의 가로, 세로, 대각선에 숨어 있는 낱말을 찾으며,
주제3에서 공부한 용어의 뜻을 다시 한번 떠올려 봐요.

붉	시	차	보	름	달	원	초	물
태	은	검	금	망	반	심	밀	중
부	양	색	환	원	바	력	공	기
회	분	고	상	경	닷	자	증	승
전	정	빛	도	생	조	금	하	거
한	일	지	구	사	크	레	이	터
월	식	인	평	리	효	수	현	본
덕	불	길	썰	선	율	면	해	저

힌트

❶ 편평한 땅의 끝과 하늘이 맞닿아 경계를 이루는 선.

❷ 한 점이나 축 또는 어떤 물체를 중심으로 하여 그 둘레를 빙빙 도는 것.

❸ 관측자가 한 위치에서 본 천체의 방향과 다른 위치에서 본 천체의 방향과의 차이.

❹ 어떤 사실을 증명할 수 있는 근거.

❺ 태양이 지표면과 이루는 각.

❻ 움푹 파인 큰 구덩이 모양의 지형.

❼ 바다의 밑바닥. 반대 해상

❽ 원운동을 하는 물체에 작용하는, 원의 바깥으로 나아가려는 힘. 반대 구심력

❾ 멀리 있는 물체를 크고 정확하게 보도록 만든 장치.

❿ 지구에서 보았을 때 달이 지구의 그림자 속으로 들어가 달의 일부나 전체가 보이지 않는 현상.

식물의 몸을 이루는 세포

 **매체 독해**   다음 인터뷰 자료를 읽고, 물음에 답해 봅시다.

세포라는 이름을 처음 사용한 과학자

로버트 훅과의 가상 인터뷰

Q. 세포를 어떻게 발견하게 되었나요?

A. 제가 설계한 현미경으로 어느 날 우연히 병마개인 코르크 조각을 관찰하다가 무수히 많은 작은 방 모양을 발견했어요. 이 모습이 마치 수도사들이 살고 있던 작은 방을 연상시켜 라틴어로 작은 방을 의미하는 'Cellua'에서 따와 'Cell(세포)'이라는 이름을 붙여 불렀습니다.

Q. 당신이 발견한 것은 세포가 아니라는 주장이 있던데요?

A. 네, 맞아요. 나중에 알고 보니 그 당시 제가 관찰한 것은 식물 세포의 맨 가장자리에 있는 죽은 세포벽이었습니다. 실제로 살아 있는 세포를 발견한 사람은 네덜란드의 과학자 레이우엔훅입니다. 그는 제가 발명한 것보다 더 좋은 현미경을 발명한 후, 이를 이용하여 식물 세포와 치아 속의 박테리아 등을 관찰했습니다.

1   로버트 훅이 자신이 발견한 것에 'Cell'이라고 이름 붙인 까닭으로 옳은 것을 골라 ○표 하세요.

무수히 많이 있었기 때문이다.	동그란 병마개 모양이었기 때문이다.	수도사들이 살던 작은 방을 연상시켰기 때문이다.
☐	☐	☐

2   레이우엔훅에 대한 설명으로 옳은 것은 ○표, 옳지 않은 것은 ×표 하세요.

(1) 살아 있는 세포를 발견하였다.   (   )

(2) 죽은 세포벽을 처음 발견하였다.   (   )

(3) 세포라는 이름을 처음 사용하였다.   (   )

(4) 그가 발명한 현미경은 로버트 훅의 현미경보다 성능이 뛰어나다.   (   )

(가) 장난감 블록을 이용하여 조각 하나하나를 맞추면 집, 자동차, 비행기 등 여러 가지 입체 **❶모형**을 만들 수 있습니다. 이렇게 만들어진 입체 모형이 블록 하나하나가 모여서 이루어져 있듯이 우리 주변에 살고 있는 식물을 포함한 모든 생물은 작은 기본 단위들이 모여서 이루어져 있습니다. 생물을 이루는 가장 작은 기본 단위를 '세포'라고 합니다. 생물을 구성하는 세포의 모양과 크기는 생물의 종류에 따라 다양하며, 한 생물에서도 몸의 부분에 따라 다양합니다.

(나) 모든 세포는 핵, 세포질, 세포막이라는 기본 구조로 이루어져 있습니다. 핵은 세포에서 일어나는 생명 활동을 조절하는 핵심 역할을 담당하는 곳으로, 막으로 둘러싸여 있습니다. 핵 안에는 생물의 모양과 성질을 결정하고 **❷생장**, **❸생식** 등에 관여하는 유전 물질이 들어 있습니다. 세포에서 핵을 없앨 경우 그 세포는 정상적으로 활동하지 못합니다.

(다) 세포질은 핵을 제외한 나머지 부분으로, 세포질에는 많은 양의 수분이 들어 있고, 여러 가지 **❹세포 소기관**이 있습니다. 세포 소기관 중 하나인 미토콘드리아는 영양소를 분해하여 에너지를 만드는 곳입니다. 생물들은 미토콘드리아를 통해 에너지를 얻어 생명 활동을 할 수 있습니다. 세포의 바깥쪽에는 세포질을 둘러싸고 있는 얇은 막인 세포막이 있습니다. 세포막은 세포의 경계를 이루며 세포 내부를 보호하고, 세포의 안과 밖으로 물질이 이동하는 것을 조절하는 역할을 합니다.

(라) 식물을 이루는 세포는 동물을 이루는 세포와 구조적으로 차이가 있습니다. 동물 세포에는 없고 식물 세포에만 존재하는 세포 소기관들이 있기 때문입니다. 동물 세포는 세포가 세포막으로만 둘러싸여 있으나, 식물 세포는 세포막 바깥쪽을 세포벽이 둘러싸고 있습니다. 세포벽은 **❺섬유소**로 구성되어 있어 세포막보다 두껍고 **❻견고**해서 식물 세포의 형태를 일정하게 유지해 줍니다. 우리가 식물의 줄기를 만질 때 동물의 피부보다 단단하다고 느끼는 것도 바로 이 세포벽 때문입니다. 또, 식물에서 초록색을 띠는 잎이나 줄기의 세포에는 초록색 알갱이 모양의 엽록체가 있습니다. 식물은 엽록체에서 빛 에너지를 이용하여 스스로 양분을 만들므로, 다른 생물로부터 양분을 공급받지 않고도 살아갈 수 있습니다.

(마) 생물의 몸을 구성하는 세포들은 맡은 역할에 따라 모양과 크기가 다양하며 특정한 기능을 수행합니다. 이처럼 다양한 세포들이 몸의 여러 부분에서 각자의 역할을 제대로 수행할 때 생물체는 정상적인 기능을 유지할 수 있습니다.

---

❶ **모형**: 실물을 모방하여 만든 물건.

❷ **생장**: 세포의 수가 많아져서 생물체의 크기가 커지거나 무게가 증가하는 것.

❸ **생식**: 생물이 자기와 닮은 개체를 만들어 그 종족을 유지하는 현상.

❹ **세포 소기관**: 특정한 기능을 하는 세포의 구조 단위로, 핵, 미토콘드리아, 세포막, 세포벽, 엽록체 등이 있음.

❺ **섬유소**: 수많은 포도당이 결합된 물질로, 세포벽의 주성분임.

❻ **견고하다**: 굳고 단단하다.

1 (가)~(마) 문단의 중심 내용으로 알맞지 <u>않은</u> 것은 무엇인가요? (   )

① (가) 문단: 생물을 이루는 기본 단위인 세포

② (나) 문단: 세포의 구조와 핵의 기능

③ (다) 문단: 세포질과 세포막의 기능

④ (라) 문단: 식물 세포와 동물 세포의 차이점

⑤ (마) 문단: 같은 모양과 크기의 세포로 이루어진 생물체

2 이 글의 특징으로 알맞은 것을 보기 에서 모두 고른 것은 어느 것인가요? (   )

> 보기
> ㉠ 시간의 흐름에 따라 내용을 전개하고 있다.
> ㉡ 대상을 쉽게 설명하기 위해 비유적 표현을 사용하였다.
> ㉢ 구체적 수치를 언급하며 대상의 특징을 설명하고 있다.
> ㉣ 대상을 구성하는 요소들로 나누고 각각을 차례대로 소개하고 있다.

① ㉠, ㉡   ② ㉠, ㉢   ③ ㉡, ㉢   ④ ㉡, ㉣   ⑤ ㉢, ㉣

3 세포에 대한 설명으로 알맞지 <u>않은</u> 것은 무엇인가요? (   )

① 모든 생물을 이루는 기본 단위이다.

② 생물의 종류에 따라 모양과 크기가 다르다.

③ 핵을 없앨 경우 정상적으로 활동하지 못한다.

④ 식물 세포에 있는 세포 소기관들은 모두 동물 세포에도 있다.

⑤ 세포들이 각자의 역할을 잘 수행해야 생물이 정상적인 기능을 유지할 수 있다.

4 세포의 구조 중 다음 설명에 해당하는 것을 글에서 찾아 쓰세요.

> • 많은 양의 수분이 들어 있다.
> • 세포에서 핵을 제외한 나머지 부분이다.
> • 여러 가지 세포 소기관이 있어, 생명 활동이 일어나는 곳이다.

(   )

5 식물 세포와 동물 세포에 공통적으로 있는 세포 소기관을 모두 골라 ○표 하세요.

핵	엽록체	세포막	세포벽
☐	☐	☐	☐

6 다음은 식물을 이루는 세포의 구조를 그림으로 나타낸 것입니다. 이 글을 읽고 그림을 이해한 내용으로 알맞지 <u>않은</u> 것은 무엇인가요? ( )

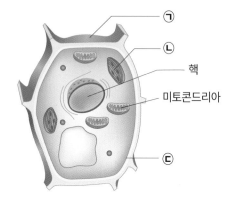

① ㉠은 세포벽으로, 섬유소로 구성되어 있다.
② ㉡은 엽록체로, 영양소를 분해하여 에너지를 만든다.
③ ㉢은 세포막으로, 세포의 경계를 이루며 세포 내부를 보호한다.
④ 핵은 생명 활동을 조절하는 핵심 역할을 한다.
⑤ 미토콘드리아는 세포 소기관 중 하나이다.

7 이 글을 읽고 알맞지 <u>않은</u> 반응을 한 친구의 이름을 쓰세요.

- 하늬: 식물과 동물 모두 세포로 이루어져 있구나.
- 윤아: 그렇지만 식물 세포와 동물 세포는 구조적으로 차이가 있어.
- 수호: 식물의 줄기를 만졌을 때 동물의 피부보다 단단하다고 느끼는 것은 식물 세포에만 있는 세포막 때문이구나.
- 다빈: 식물 세포 안에 있는 엽록체에서 식물은 스스로 양분을 만들 수 있기 때문에 다른 생물로부터 양분을 공급받지 않고도 살아갈 수 있어.

( )

세포의 표면적과 물질 교환
세포가 생명 현상을 유지하기 위해서는 외부와 물질 교환을 해야 하는데, 이러한 물질 교환은 세포의 표면을 통해 일어납니다. 따라서 세포는 물질 교환이 원활하게 일어날 수 있는 표면적을 갖고 있어야 합니다. 세포의 크기가 커질수록 부피에 대한 표면적의 비가 작아져 물질 교환이 효율적으로 일어나지 않습니다. 따라서 세포는 일정 크기 이상이 되면 세포 분열을 통하여 일정 크기를 유지합니다.

1 다음 밑줄 친 낱말의 알맞은 뜻을 보기 에서 찾아 기호를 쓰세요.

> 보기
> ㉠ 실물을 모방하여 만든 물건.
> ㉡ 생물이 자기와 닮은 개체를 만들어 그 종족을 유지하는 현상.
> ㉢ 세포의 수가 많아져서 생물체의 크기가 커지거나 무게가 증가하는 것.

(1) 건우는 모형 비행기를 만들며 놀았다. (   )

(2) 생물들은 생식을 통해 자신의 종족을 번식시킨다. (   )

(3) 허브는 다른 식물에 비해 생장 속도가 빠른 편이다. (   )

2 다음 한자어가 결합하여 만들어지는 낱말을 쓰고, 알맞은 뜻을 바르게 선으로 이어 보세요.

세포
(細胞)

+ 막(膜) → (1) [   ]　　　　• ㉠ 세포질을 둘러싸고 있는 막.

+ 벽(壁) → (2) [   ]　　　　• ㉡ 세포에서 핵을 제외한 세포막 안의 부분.

+ 질(質) → (3) [   ]　　　　• ㉢ 식물 세포의 가장 바깥쪽에 있는 튼튼한 피막.

3 다음 문장에서 '물질'의 알맞은 뜻을 찾아 바르게 선으로 이어 보세요.

(1) 그녀는 어머니한테 물질을 하는 방법을 배웠다. •

(2) 퇴적 물질은 물이 흘러가는 방향을 따라 쌓입니다. •

　　• ㉠ 주로 해녀들이 바닷속에 들어가서 해산물을 따는 일.

(3) 오염 물질을 무단으로 방류한 업체가 적발되었다. •

　　• ㉡ 세상의 온갖 것을 이루며, 보고 만질 수 있거나 과학적으로 다룰 수 있는 것.

(4) 태풍으로 파도가 세서 오늘은 물질을 할 수 없게 되었다. •

땅속에 숨어 있는 뿌리 이야기

정답 확인

하루한장 앱에서
학습 인증하고
하루템을 모으세요!

 **매체 독해** 다음 식물도감을 읽고, 물음에 답해 봅시다.

재미있는 어린이 식물도감

■ 여러 가지 뿌리 모양

뿌리는 식물 주변 환경에 따라 매우 다양한 모습으로 변형되어 여러 가지 기능을 수행한다.

1. 저장뿌리

광합성에 의해 만들어진 양분을 뿌리에 저장하므로, 뿌리가 매우 크고 굵다.

고구마   무   당근

2. 받침뿌리

줄기 아래쪽에 많은 뿌리가 나 있어 식물의 몸을 지탱한다.

옥수수

3. 부착뿌리

담쟁이덩굴

줄기에서 아래로 드리워져 공기 중에 노출되어 공기 중의 수분을 빨아들인다.

4. 호흡뿌리

뿌리의 일부가 공기 중으로 나와서 호흡한다.

맹그로브

1 뿌리의 특징이 <u>아닌</u> 것을 골라 ○표 하세요.

식물의 몸을 지탱한다. ☐	광합성을 하여 양분을 만든다. ☐	주변 환경에 따라 다양한 모습으로 변형된다. ☐

2 다음 설명에 해당하는 뿌리를 가진 식물을 찾아 바르게 선으로 이어 보세요.

(1) 뿌리의 일부가 공기 중으로 나와서 호흡한다.　•　　•　㉠ 고구마

(2) 양분을 저장하기 때문에 뿌리가 매우 크고 굵다.　•　　•　㉡ 맹그로브

(3) 공기 중에 노출되어 공기 중의 수분을 빨아들인다.　•　　•　㉢ 담쟁이덩굴

안녕! 나는 뿌리야. 줄기나 잎과 달리 나는 땅속에 있어서 내가 있다는 사실을 사람들이 많이들 잊고는 해. 그래서 오늘은 내가 직접 나에 대해 소개하기 위해 나왔어. 내 이야기를 잘 들어 주렴.

나는 줄기나 잎처럼 자라나. 내 끝에는 생장점이 있어서 이곳에서 새로운 세포를 만들면서 자라나지. 새로 생긴 세포는 작고 연한데, 뿌리골무라는 단단한 ❶조직이 이 세포들을 보호해 줘. 나는 ❷표피로 둘러싸여 있는데 표피 세포 중 일부가 옆으로 길게 나온 것이 뿌리털이야. 뿌리털은 흙 속에 있는 물과 ❸무기 양분을 빨아들여. 혹시 식물의 뿌리에 가느다란 솜털 같은 뿌리털이 많이 나 있는 것을 본 적이 있니? 많은 수의 뿌리털은 흙과 접촉하는 ❹표면적을 넓혀 물과 무기 양분을 효과적으로 흡수할 수 있도록 도와줘. 이렇게 흡수한 물과 무기 양분은 표피 안쪽에 있는 ❺물관을 통해 줄기와 잎까지 운반돼.

이제 내가 하는 일에 대해 소개할게. 나는 바람이 불어도 식물이 넘어지지 않도록 ❻지탱해 주는 ⬚⬚ ㉠ ⬚⬚ 기능을 해. 내가 없다면 식물은 땅에 박혀 있지 못하고 쉽게 넘어지고 말 거야. 그리고 너희도 물과 음식을 먹고 살아가지? 식물도 정상적인 생장을 위해서는 물과 양분이 필요한데, 내가 물과 무기 양분을 땅으로부터 식물의 몸속으로 빨아들이는 ⬚⬚ ㉡ ⬚⬚ 기능을 해. 어떻게 흡수하냐고? 자연에서는 어떤 물질의 ❼농도가 한쪽에서는 높고 다른 한쪽에서는 낮을 때, 양쪽 물질의 농도가 같게 유지되려는 성질이 있어. 식물에서도 세포 안쪽과 바깥쪽의 물질의 농도가 다를 때 서로 같게 유지되려고 하지. 그런데 세포 안쪽과 바깥쪽은 세포막으로 나뉘어 있잖아. 그래서 세포막을 통과하기 쉬운 물의 이동으로 세포 안쪽과 바깥쪽의 물질의 농도를 같게 유지해 줄 수 있어. 일반적으로 뿌리털 세포의 농도는 흙 속의 농도보다 높기 때문에 흙 속의 물이 세포막을 통과하여 안으로 스며들게 돼. 이때 물속에 녹아 있는 무기 양분도 함께 흡수되는 것이지.

나는 사는 곳의 환경에 따라 모양이 달라져. 비가 잘 내리지 않는 곳에서는 물을 흡수하기 위해 땅속으로 길고 깊게 뻗어 나가. 비가 많이 오거나 습한 곳에서는 물을 적게 빨아들이기 위해 짧게 퍼져 있지. 그리고 보통은 땅속으로 뻗어 나가지만 그렇지 않을 때도 있어. 맹그로브는 열대 지방 해변의 진흙에서 자라는 나무인데, 뿌리의 일부분이 활처럼 굽어 공기 중으로 나와서 진흙 속에 부족한 산소를 흡수하지.

지금까지 내 이야기를 들어 줘서 고마워. 앞으로 식물을 볼 때 꽃과 잎만 보지 말고 나도 있다는 사실을 기억해 주었으면 좋겠어. 뿌리가 없다면 꽃과 잎도 없을 테니까 말이야.

---

❶ **조직**: 같은 기능과 구조를 가진 세포의 집단.

❷ **표피**: 식물체의 표면을 덮고 있는 조직.

❸ **무기 양분**: 식물체의 생장에 있어 양분으로 사용될 수 있는 물질 중에 탄소를 포함하지 않은 성분.

❹ **표면적**: 물체 겉면의 넓이.

❺ **물관**: 뿌리에서 흡수한 물과 무기 양분이 이동하는 통로.

❻ **지탱**: 쓰러지지 않게 버티거나 떠받침.

❼ **농도**: 용액의 진한 정도.

1 이 글의 중심 소재는 무엇인지 쓰세요.

(   )

2 이 글을 읽고 대답할 수 있는 질문이 <u>아닌</u> 것은 무엇인가요?   (   )

① 뿌리가 하는 일은 무엇인가요?

② 뿌리는 어떤 구조로 되어 있나요?

③ 뿌리에서 양분을 어떻게 만들어 내나요?

④ 뿌리는 물과 무기 양분을 어떻게 흡수하나요?

⑤ 환경에 따라 뿌리의 모양이 달라지는 사례로는 무엇이 있나요?

3 이 글의 특징으로 알맞은 것을 보기 에서 모두 고른 것은 어느 것인가요?   (   )

> 보기
> ⓐ 전문가의 의견을 인용하여 신뢰성을 높이고 있다.
> ⓑ 묻고 답하는 방식을 활용하여 내용을 전개하고 있다.
> ⓒ 말을 건네는 어투를 활용하여 친근감을 자아내고 있다.
> ⓓ 통계 자료를 제시하여 글쓴이의 주장을 뒷받침하고 있다.

① ⓐ, ⓑ   ② ⓐ, ⓒ   ③ ⓐ, ⓓ   ④ ⓑ, ⓒ   ⑤ ⓑ, ⓓ

4 이 글을 바탕으로 할 때 ㉠과 ㉡에 들어갈 말을 바르게 묶은 것은 어느 것인가요? (   )

	㉠	㉡
①	지지	배출
②	지지	흡수
③	배출	저장
④	저장	배출
⑤	저장	흡수

5 뿌리의 구조에 대한 설명으로 옳지 <u>않은</u> 것은 무엇인가요? (　　　　)

① 뿌리 끝에는 생장점이 있다.

② 뿌리 끝에서 새로운 세포들이 생겨난다.

③ 생장점은 뿌리골무라는 단단한 조직에 싸여 보호된다.

④ 뿌리털은 표피 세포 중 일부가 옆으로 길게 나온 것이다.

⑤ 굵게 나 있는 뿌리털은 그 수는 적지만 물과 무기 양분의 흡수를 효과적으로 돕는다.

6 다음은 어떤 식물의 뿌리를 잘라 낸 모습을 그림으로 나타낸 것입니다. 흙 속의 물이 식물의 몸 속으로 흡수되기 위해서는 A와 B 부분의 농도가 어떻게 되어야 하는지 부등호로 표시하세요.

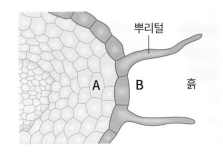

A의 농도 ☐ B의 농도

7 식물의 뿌리에 대해 옳게 설명한 친구의 이름을 쓰세요.

• 서준: 식물의 종류와 상관없이 뿌리의 모양은 모두 같아.
• 나연: 열대 지방의 맹그로브는 뿌리가 모두 공기 중으로 나와 있어.
• 한솔: 비가 잘 내리지 않는 곳에 사는 식물의 뿌리는 짧게 퍼져 있어.
• 규현: 뿌리가 물과 무기 양분을 제대로 흡수하지 못하면 식물은 정상적으로 생장할 수 없어.

(　　　　　　　)

뿌리의 종류

씨에서 싹이 나올 때 줄기와 함께 나온 뿌리를 원뿌리라고 합니다. 속씨식물 중 하나인 쌍떡잎식물과 겉씨식물은 원뿌리에서 곁뿌리가 만들어집니다. 이러한 뿌리를 '곧은뿌리'라고 합니다. 그런데 속씨식물 중 외떡잎식물은 원뿌리가 거의 자라지 않고 죽어 없어진 다음, 줄기의 마디 근처에서 가늘고 수가 많은 '수염뿌리'를 내립니다. 수염뿌리는 지지 기능은 떨어지지만 물을 흡수하는 기능이 좋다는 특징이 있습니다.

1 다음 밑줄 친 낱말의 뜻으로 알맞은 것을 바르게 선으로 이어 보세요.

(1) 현미경으로 식물의 <u>표피</u>를 관찰했다. • • ㉠ 용액의 진한 정도.

(2) 액체는 가능한 <u>표면적</u>을 작게 하려는 특성을 갖고 있다. • • ㉡ 물체 겉면의 넓이.

(3) 두 가지 소금물의 <u>농도</u>를 다르게 설정한 후 실험을 진행했다. • • ㉢ 식물체의 표면을 덮고 있는 조직.

2 다음 빈칸에 들어갈 말의 뜻을 보고, 알맞은 낱말의 기본형을 골라 ○표 하세요.

(1) 이 책상은 무척 _____ 만들어졌다.
  └ 굳고 단단하게.

　　견고하다　　숭고하다

(2) 버팀목이 무너져 가는 담을 _____ 있다.
  └ 쓰러지지 않게 버티거나 떠받치고.

　　지연하다　　지탱하다

(3) 그녀는 친구를 도와 이삿짐을 _____ 시작했다.
  └ 물건 따위를 옮겨 나르기.

　　운반하다　　운행하다

3 다음 문장에 들어갈 낱말의 올바른 표기를 골라 ○표 하세요.

(1) 방 천장에 물이 { 스며들어 / 슬며들어 } 수리 중이다.

(2) 신발이 { 벗겨진 / 벗껴진 } 것도 모르고 열심히 달렸다.

(3) 그의 소설은 독자를 { 빨아드리는 / 빨아들이는 } 힘이 있다.

정답 확인
하루한장 앱에서
학습 인증하고
하루템을 모으세요!

매체 독해   다음 블로그를 보고, 물음에 답해 봅시다.

▶ 여행·일상 기록
○○ 식물원에 다녀오다
미래네 일상·20○○.6.10.13:20

지난 주말에는 가족들과 ○○ 식물원에 다녀왔어요.
○○ 식물원은 덩굴 식물원, 수생 식물원, 습지 식물원, 양치식물원, 약용 식물원으로 꾸며져 있어요.
오늘은 그중 제일 먼저 구경했던 덩굴 식물원을 소개할까 합니다.
덩굴 식물원에서는 마치 예술가가 만들어 놓은 작품처럼 뻗은 덩굴 식물들을 볼 수 있어요.
여기서 덩굴 식물이란? 식물의 줄기가 하늘을 향해 곧게 서 있지 않고 지면을 기어가거나
다른 물체를 돌돌 휘감거나 거기에 붙어서 자라는 식물을 말해요. 넝쿨 식물이라고도 하지요.
담쟁이덩굴, 호박, 수박, 고구마, 오이, 참외, 나팔꽃 등이 대표적인 덩굴 식물이에요.
덩굴 식물의 줄기는 똑바로 서는 식물의 줄기에 비해 가늘고 약해요.
덩굴손이나 덩굴줄기로 다른 물체를 꽉 붙들어야 하기 때문이에요.
인동덩굴의 경우 줄기는 오른쪽으로 감아 올라가고
일년생 가지는 붉은 갈색이며, 속이 비어 있다고 해요.

1 미래가 이와 같은 글을 쓴 목적으로 알맞은 것은 무엇인가요?　　　　（　　　　）

① 자신의 의견을 주장하기 위해서이다.
② 자신이 본 대상을 소개하기 위해서이다.
③ 책을 읽고 느낀 점을 정리하기 위해서이다.
④ 앞으로 해야 할 일을 계획하기 위해서이다.
⑤ 식물을 기르는 과정을 알려 주기 위해서이다.

2 덩굴 식물에 대한 내용으로 알맞지 않은 것은 무엇인가요?　　　　（　　　　）

① 넝쿨 식물이라고 부르기도 한다.
② 덩굴 식물은 줄기가 하늘을 향해 곧게 서 있다.
③ 줄기의 모양이 다른 식물에 비해 가늘고 길다.
④ 인동덩굴의 일년생 가지는 붉은 갈색이고, 속이 비어 있다.
⑤ 덩굴 식물은 다른 물체를 돌돌 휘감거나 거기에 붙어 자란다.

안녕? 나는 식물의 뿌리와 잎을 연결해 주는 줄기야. 내 겉은 꺼칠꺼칠하거나 매끈한 껍질로 싸여 있어서 벌레의 침입을 막고, 추위와 더위로부터 식물을 보호하지. 내 속은 표피, ❶체관, 형성층, 물관 등으로 구성되어 있어. 표피는 줄기의 가장 바깥 부분을 감싸는 얇은 세포층을 말해. 안쪽에는 매우 가느다란 여러 개의 물관과 체관이 다발 형태로 모여 있는 것을 볼 수 있을 거야. 그래서 물관과 체관을 합쳐서 관다발이라고 부르지. 관다발은 뿌리에서부터 나를 지나 잎까지 연결되지.

그런데 식물의 종류에 따라 관다발이 ❷배열되어 있는 모습이 달라. 봉선화, 셀러리, 해바라기와 같은 ❸쌍떡잎식물의 관다발은 원을 그리며 규칙적으로 배열되어 있고, 물관과 체관 사이에는 작은 세포들이 모여 띠를 이룬 형성층이 있어. 반면 벼, 백합, 옥수수와 같은 ❹외떡잎식물의 관다발은 불규칙하게 흩어져 있고, 형성층이 없지. 형성층은 새로운 세포들을 계속 만들어 내어서 내가 굵어지도록 해 준단다. 그래서 쌍떡잎식물 중에는 밤나무처럼 줄기가 굵게 자라는 것이 많지만, 외떡잎식물은 줄기가 어느 정도 자라면 더 이상 굵어지지 않아.

이번에는 내가 하는 일을 소개할게. 내가 가장 중요하게 하는 일은 운반 작용이야. 뿌리에서 흡수한 물과 무기 양분을 물관을 통해 잎까지 운반하고, 잎에서 만들어진 ❺유기 양분을 체관을 통해 식물의 몸 곳곳으로 운반하지. 두 번째로 나는 식물체를 지지하는 작용도 해. 물관의 세포벽은 단단해서 식물이 곧게 서 있도록 해 주지. 세 번째로 나는 잎만큼은 아니지만 산소를 흡수하고, 이산화 탄소를 내보내는 호흡 작용도 하고 있어. 마지막으로 양분과 물을 모아 두는 저장 작용을 해. 감자, 토란은 줄기에 양분을 저장하는 식물이야. 선인장은 줄기에 물을 저장해서 건조한 지역에서 살아남지.

나는 ❻생존을 위해 빛과 물에 예민하게 반응해. 그래서 여러 가지 형태로 변형되어 존재하고 있어. 너에게 익숙한 나의 모습은 땅 위에서 하늘을 향해 뻗어 있는 모습이겠지? 하지만 나는 땅 위로 뻗어 바닥을 기어가기도 하고, 가늘고 길게 변해서 다른 식물이나 물체를 감기도 해. 그리고 땅속에 양분을 저장하여 공이나 달걀 모양으로 부푼 형태도 있지. 앞에서 말한 감자가 땅속에 양분을 저장한 내 모습을 대표하는 예란다.

뿌리가 식물의 다리라면, 나는 식물의 ❼몸통이라고 이해하면 좋을 것 같아. 나도 지구의 환경에서 살아남기 위해 가장 적합한 구조를 가지게 되었지. 지금까지 내 이야기를 들어 줘서 고마워.

---

❶ **체관**: 잎에서 만들어진 양분이 줄기나 뿌리로 이동하는 통로.
❷ **배열**: 일정한 차례나 간격에 따라 벌여 놓음.
❸ **쌍떡잎식물**: 싹이 틀 때 두 개의 떡잎이 마주 붙어 나는 식물.
❹ **외떡잎식물**: 떡잎이 한 개 있는 식물.

❺ **유기 양분**: 탄수화물, 단백질, 지방 등을 포함한 영양 성분.
❻ **생존**: 살아 있음. 또는 살아남음.
❼ **몸통**: 사람이나 동물의 몸에서 머리, 팔, 다리, 날개, 꼬리 등 딸린 것들을 제외한 가슴과 배 부분.

1 이 글의 중심 내용으로 알맞은 것은 무엇인가요?　　　　　　　　　　　(　　　)

① 줄기의 다양한 굵기
② 줄기의 구조와 기능
③ 물관과 체관의 모양
④ 쌍떡잎식물과 외떡잎식물의 종류
⑤ 쌍떡잎식물과 외떡잎식물의 줄기 단면 모습

2 이 글을 쓰기 위해 계획하기 단계에서 메모한 내용입니다. 이 글에 반영된 것끼리 바르게 묶인 것은 어느 것인가요?　　　　　　　　　　　　　　　　　(　　　)

> ⓐ 글의 목적: 식물의 줄기에 대한 다양한 정보를 제공함.
> ⓑ 표현 방법: 줄기의 시점에서 줄기가 학생들에게 말하듯이 설명함.
> ⓒ 설명 방법: 식물의 줄기와 잎이 하는 일을 공통점과 차이점으로 나누어 설명함.
> ⓓ 활용 매체: 여러 가지 형태로 변형된 줄기의 사진 자료를 이용하여 이해를 도움.

① ⓐ, ⓑ　　　　② ⓐ, ⓒ　　　　③ ⓑ, ⓒ　　　　④ ⓑ, ⓓ　　　　⑤ ⓒ, ⓓ

3 이 글을 바탕으로 빈칸에 들어갈 알맞은 낱말을 쓰세요.

> 　줄기는 물과 양분을 운반하는 일을 한다. 뿌리에서 흡수한 물과 무기 양분을 (　㉮　)을/를 통해 잎까지 운반하고, 잎에서 만들어진 유기 양분을 (　㉯　) 을/를 통해 식물의 몸 전체로 운반한다.

㉮: (　　　　　　　　　　), ㉯: (　　　　　　　　　　)

4 이 글의 내용과 일치하지 <u>않는</u> 것은 무엇인가요? (정답 2개)　　　　(　　　)

① 모든 식물의 줄기에는 형성층이 발달해 있다.
② 감자는 뿌리가 아니라 줄기에 양분을 저장한다.
③ 줄기는 환경에 따라 다양한 모습을 하고 있다.
④ 줄기 속에는 물관과 체관이 각각 하나씩 존재한다.
⑤ 쌍떡잎식물과 외떡잎식물은 관다발 배열 모습이 다르다.

5 다음 그림은 어떤 줄기의 단면을 나타낸 것입니다. 이 그림과 글을 이해한 내용으로 옳은 것은 ○표, 옳지 않은 것은 ×표 하세요.

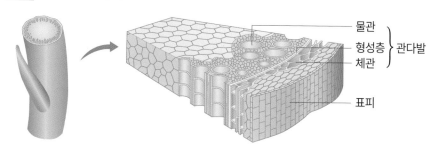

(1) 물관은 체관보다 안쪽에 위치한다. ( )
(2) 형성층에서 새로운 세포가 만들어져 줄기가 길어진다. ( )
(3) 이 그림은 외떡잎식물의 줄기를 가로로 잘랐을 때의 모습이다. ( )
(4) 체관은 유기 양분이 이동하는 통로로, 형성층 바깥쪽에 위치한다. ( )

6 이 글을 읽고 적절하지 <u>않은</u> 반응을 보인 친구는 누구인가요? ( )

① 영호: 줄기의 겉은 모두 꺼칠꺼칠하구나.
② 수진: 잎뿐만 아니라 줄기도 호흡을 할 수 있구나.
③ 주희: 토란은 줄기에 양분을 저장하는 식물이구나.
④ 동준: 선인장은 생존을 위해 줄기에 물을 저장하는구나.
⑤ 의선: 물관의 세포벽은 단단해서 식물을 지탱하는 데 중요한 역할을 하는구나.

7 이 글과 다음 내용을 통해 알 수 있는 사실로 가장 알맞은 것은 무엇인가요? ( )

> 포도나무는 다른 물체를 휘감는 덩굴손을 가지고 있고, 딸기는 줄기가 땅 위를 기듯이 뻗어 나가는 모습을 보인다. 장미의 가시는 줄기의 껍질이 변해서 된 줄기의 변형 형태이다.

① 식물의 줄기는 복잡한 구조로 되어 있다.
② 식물의 줄기는 사람에 비유하면 몸통과 같다.
③ 식물의 줄기는 다양한 형태로 변형되어 있다.
④ 식물의 줄기는 양분을 운반하고 저장하는 기능을 한다.
⑤ 식물의 줄기는 대부분 하늘을 향해 곧게 뻗으며 자란다.

다육 식물의 줄기
다육 식물이란 잎이나 줄기 속에 많은 수분을 저장하고 있는 식물을 말합니다. 다육 식물은 사막이나 높은 산 등 건조한 지역에서 살아남기 위해 잎과 줄기가 변형된 모습을 보입니다. 잎은 작거나 아예 없거나, 가시 형태를 보이기도 합니다. 줄기는 통통한 경우가 많고, 동그란 구나 원통 모양을 많이 보입니다.

1 다음 밑줄 친 낱말의 알맞은 뜻을 **보기** 에서 찾아 기호를 쓰세요.

> **보기**
> ㉠ 살아 있음. 또는 살아남음.
> ㉡ 일정한 차례나 간격에 따라 벌여 놓음.
> ㉢ 사람이나 동물의 몸에서 머리, 팔, 다리, 날개, 꼬리 등 딸린 것들을 제외한 가슴과 배 부분.

(1) 실종자의 생존 여부를 확인하였다.　　　　　　　　　　　(　　　)

(2) 동생은 오징어를 먹을 때 몸통만 먹는다.　　　　　　　　(　　　)

(3) 그는 자신의 배열 방법에 따라 책장에 있는 책을 정리했다.　(　　　)

2 다음 문장에서 밑줄 친 낱말의 기본형을 쓰고, 이와 비슷한 뜻을 가진 낱말을 **보기** 에서 찾아 쓰세요.

> **보기**　　　버티다　　　알맞다　　　민감하다

(1) 그는 후각이 매우 예민한 편이다.　　　□□□ － □□□

(2) 이 요가 동작은 양팔로 지지하는 자세입니다.　　　□□□ － □□□

(3) 수영은 관절이 안 좋은 사람들에게 적합한 운동이다.　　　□□□ － □□□

3 다음 문장에서 밑줄 친 낱말이 어떤 뜻으로 사용되었는지 번호를 쓰세요.

감다
- ① 눈꺼풀을 내려 눈동자를 덮다.
- ② 머리나 몸을 물로 씻다.
- ③ 어떤 물체를 다른 물체에 말거나 빙 두르다.

(1) 연주는 잠을 자려고 눈을 감았다.　　　　　　　　(　　　)

(2) 날씨가 추워서 목도리를 칭칭 감고 나갔다.　　　　(　　　)

(3) 정한이는 머리를 감기 전에 이를 먼저 닦았다.　　(　　　)

식물은 양분을 어떻게 얻을까요?

매체 독해 다음 뉴스 화면을 보고, 물음에 답해 봅시다.

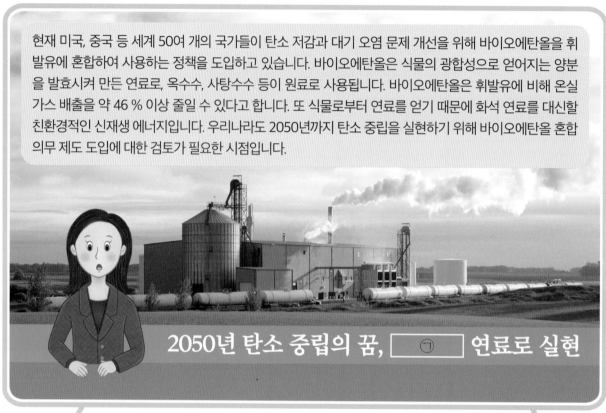

현재 미국, 중국 등 세계 50여 개의 국가들이 탄소 저감과 대기 오염 문제 개선을 위해 바이오에탄올을 휘발유에 혼합하여 사용하는 정책을 도입하고 있습니다. 바이오에탄올은 식물의 광합성으로 얻어지는 양분을 발효시켜 만든 연료로, 옥수수, 사탕수수 등이 원료로 사용됩니다. 바이오에탄올은 휘발유에 비해 온실가스 배출을 약 46 % 이상 줄일 수 있다고 합니다. 또 식물로부터 연료를 얻기 때문에 화석 연료를 대신할 친환경적인 신재생 에너지입니다. 우리나라도 2050년까지 탄소 중립을 실현하기 위해 바이오에탄올 혼합 의무 제도 도입에 대한 검토가 필요한 시점입니다.

2050년 탄소 중립의 꿈, ⃞⃟⃠ 연료로 실현

＊저감: 낮추어 줄임.

1 이 뉴스를 보고, ㉠에 들어갈 알맞은 말을 골라 ○표 하세요.

탄소	휘발유	화석	바이오에탄올
☐	☐	☐	☐

2 이 뉴스의 내용과 일치하는 것은 ○표, 일치하지 <u>않는</u> 것은 ×표 하세요.

(1) 바이오에탄올은 신재생 에너지이다. (   )

(2) 우리나라는 바이오에탄올 혼합 의무 제도를 시행하고 있다. (   )

(3) 바이오에탄올을 만들려면 옥수수나 사탕수수와 같은 식물이 필요하다. (   )

(4) 바이오에탄올을 휘발유에 섞어 자동차의 연료로 사용하면 환경 오염 물질의 배출량을 줄일 수 있다. (   )

모든 생명체는 생명 활동에 필요한 에너지를 얻어야 살아갈 수 있습니다. 에너지를 얻으려면 양분이 필요한데, 동물은 먹이를 먹어서 양분을 얻지만 식물은 빛을 이용하여 스스로 양분을 만들어 냅니다. 식물이 빛을 이용하여 양분을 만드는 과정을 광합성이라고 합니다.

광합성은 식물의 어느 부분에서 일어날까요? 광합성은 주로 잎에 있는 엽록체에서 일어납니다. 엽록체 안에는 초록색 색소인 ❶엽록소가 들어 있는데, 이 엽록소 때문에 나뭇잎이나 풀잎이 초록색으로 보이는 것입니다. 엽록소는 광합성에 필요한 빛 에너지를 흡수합니다. 따라서 엽록소가 없다면 광합성도 일어나지 않습니다.

식물이 광합성을 하기 위해서는 이산화 탄소, 물, 빛이 필요합니다. 광합성에 필요한 이산화 탄소는 주로 잎 뒷면에 있는 ❷기공을 통해 흡수됩니다. 광합성에 필요한 물은 뿌리에서 흡수해서 물관을 통해 잎으로 운반됩니다. 그리고 잎이 빛을 받으면 엽록소에서 빛 에너지를 흡수해서 광합성에 필요한 에너지원으로 씁니다.

식물은 세포 속의 엽록체에서 빛 에너지를 이용하여 물과 이산화 탄소로 ❸포도당과 산소를 만들어 냅니다. 광합성으로 만들어진 포도당은 곧바로 ❹녹말로 바뀌어 일시적으로 엽록체에 저장됩니다. 이것은 포도당이 잎에 축적되는 것을 막아 광합성이 계속 일어나도록 하기 위해서입니다. 식물이 광합성을 하면 산소도 발생합니다. 발생된 산소의 일부는 식물이 사용하고, 나머지는 기공을 통해 공기 중으로 ❺방출되어 다른 생물의 호흡에 사용됩니다.

잎에서 만들어진 양분은 어디에 이용될까요? 엽록체에 저장된 녹말은 주로 물에 잘 녹는 설탕으로 바뀌어 밤에 체관을 통해 식물의 각 기관으로 운반됩니다. 운반된 양분의 일부는 식물의 생활에 필요한 에너지원으로 쓰이거나 식물의 몸을 구성하는 재료로도 쓰입니다. 에너지원으로 쓰이지 않고 남은 양분은 열매, 뿌리, 줄기 등에 다양한 형태로 저장됩니다. 쌀이나 감자처럼 녹말의 형태로 저장되기도 하고, 양파나 포도처럼 포도당의 형태로 저장되기도 합니다. 또 식물에 따라 단백질이나 지방의 형태로 전환되어 저장되기도 합니다. 식물 내에 저장된 양분 중에서 일부는 동물의 먹이로 이용됩니다. 이처럼 식물의 광합성은 지구에 사는 모든 생물의 생존에 영향을 줍니다.

----

❶ **엽록소**: 빛 에너지를 흡수하는 초록색 색소.
❷ **기공**: 주로 식물의 잎 뒷면에 있는 작은 구멍으로, 증산 작용이 일어나고 산소와 이산화 탄소가 출입함.
❸ **포도당**: 단맛이 있는 물질로, 생물 조직 속에서 에너지원으로 소비됨.
❹ **녹말**: 식물의 엽록체 안에서 광합성으로 만들어져 뿌리, 줄기, 씨앗 따위에 저장되는 탄수화물.
❺ **방출**: 비축하여 놓은 것을 내놓음.

1 이 글의 중심 낱말은 무엇인지 쓰세요.

(   )

2 이 글을 읽고 대답할 수 <u>없는</u> 질문은 무엇인가요? (   )

① 광합성으로 생성되는 양분은 무엇인가요?
② 식물이 광합성을 할 때 필요한 물질은 무엇인가요?
③ 식물의 호흡도 동물과 비슷한 과정으로 이루어지나요?
④ 엽록체에서 포도당을 녹말로 전환하는 까닭은 무엇인가요?
⑤ 엽록소가 없으면 식물이 잘 자랄 수 없는 까닭은 무엇인가요?

3 이 글의 내용과 일치하지 <u>않는</u> 것은 무엇인가요? (   )

① 광합성은 주로 식물의 잎에서 일어난다.
② 식물은 햇빛만 있으면 광합성을 할 수 있다.
③ 광합성은 식물이 스스로 양분을 만드는 과정이다.
④ 엽록소에서 광합성에 필요한 빛 에너지를 흡수한다.
⑤ 식물의 광합성은 지구에 사는 생물의 생존에 영향을 준다.

4 다음과 같은 방법으로 에너지를 얻는 생물은 어느 것인가요? (   )

> 햇빛과 이산화 탄소, 뿌리에서 흡수한 물을 이용해 스스로 양분을 만들어 에너지를 얻는다.

①
②
③
④
⑤

5 다음은 이 글을 읽고 광합성 과정을 정리한 그림입니다. 그림과 관련된 내용을 바르게 설명하지 못한 친구는 누구인가요?　　　　　　　　　　　　（　　　　）

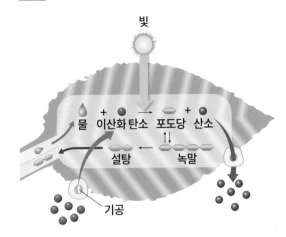

① 혜민: 광합성은 물이 없어도 일어나는구나.
② 수진: 이산화 탄소는 기공을 통해 흡수되는구나.
③ 민호: 산소는 기공을 통해 공기 중으로 방출되는구나.
④ 연희: 광합성의 결과 포도당과 산소가 만들어지는구나.
⑤ 영민: 식물이 광합성을 할 때 이산화 탄소가 필요하구나.

6 광합성 결과 생성된 양분의 이동과 저장에 대한 설명으로 옳은 것을 에서 모두 고른 것은 어느 것인가요?　　　　　　　　　　　　（　　　　）

> **보기**
> ㉠ 잎에서 만들어진 양분은 체관을 통해 이동한다.
> ㉡ 남은 양분은 열매, 뿌리, 줄기 등에 녹말의 형태로만 저장된다.
> ㉢ 광합성으로 생성된 물질은 녹말로 바뀌어 식물 각 부분으로 운반된다.
> ㉣ 광합성으로 생성된 양분은 식물의 몸을 구성하거나 생활에 필요한 에너지원으로 사용된다.

① ㉠, ㉡　　　② ㉠, ㉣　　　③ ㉡, ㉢　　　④ ㉡, ㉣　　　⑤ ㉢, ㉣

7 이 글을 읽고, 빈칸에 들어갈 알맞은 낱말을 글에서 찾아 쓰세요.

> 　브라질의 아마존을 흔히 '지구의 허파'라고 부른다. 이렇게 부르는 까닭은 아마존에 사는 많은 식물들이 광합성을 할 때 (　　㉠　　)을/를 흡수하고, (　　㉡　　)을/를 생성하기 때문이다. 만약 아마존이 파괴되면 공기 중의 (　　㉠　　)의 양이 많아져 지구가 점점 더워질 것이다.

㉠: (　　　　　　　　　　　), ㉡: (　　　　　　　　　　　)

배경+지식 넓히기

인공 광합성
인공 광합성이란 식물의 광합성 작용을 모방하여 빛 에너지를 이용하여 자원을 얻는 것을 말합니다. 태양 전지를 이용해 인공 광합성을 하여 탄소가 함유된 연료나 의약품 원료 등 다양한 물질을 만들 수 있습니다.

1 다음 낱말의 뜻으로 알맞은 것을 바르게 선으로 이어 보세요.

(1) 기공 •

(2) 녹말 •

(3) 포도당 •

• ㉠ 단맛이 있는 물질로, 생물 조직 속에서 에너지원으로 소비됨.

• ㉡ 식물의 엽록체 안에서 광합성으로 만들어져 뿌리, 줄기, 씨앗 따위에 저장되는 탄수화물.

• ㉢ 주로 식물의 잎 뒷면에 있는 작은 구멍으로, 증산 작용이 일어나고 산소와 이산화 탄소가 출입함.

2 다음 빈칸에 들어갈 말의 뜻을 보고, 알맞은 낱말을 보기 에서 찾아 활용하여 쓰세요.

보기　　분해하다　　　수행하다　　　유지하다　　　전환하다

(1) 마지막 날까지 과제를 성실하게 _____ 돌아왔다.
ㄴ 생각하거나 계획한 대로 일을 해내고.

(2) 채영이는 이번 대회에서 계속 선두를 _____ 있다.
ㄴ 어떤 상태나 상황을 그대로 보존하거나 변함없이 계속하여 지탱하고.

(3) 기분을 _____ 위해 주말에 교외로 나들이를 나갔다.
ㄴ 다른 방향이나 상태로 바꾸기.

(4) 키위에는 단백질을 _____ 수 있는 효소가 풍부하게 들어 있어 소화에 도움이 된다.
ㄴ 한 종류의 화합물이 두 가지 이상의 간단한 화합물로 변화할.

3 다음 문장에서 밑줄 친 낱말이 어떤 뜻으로 사용되었는지 기호를 쓰세요.

일어나다

㉠ 어떤 일이 생기다.
㉡ 어떤 힘을 받아 위로 솟아오르다.
㉢ 무엇이 크게 활동하거나 힘이 세진다.

(1) 굴뚝에서 연기가 일어났다.　　　　　　　　　　　　　　(　　　　　)
(2) 꺼져가던 불꽃이 다시 일어났다.　　　　　　　　　　　　(　　　　　)
(3) 오늘 우리 반에서 싸움이 일어났다.　　　　　　　　　　(　　　　　)

신나는 퍼즐 퍼즐

가로세로 퍼즐을 완성하며, **주제4**에서 공부한 용어의 뜻을 다시 한번 떠올려 봐요.

가로 열쇠

❶ 주로 식물의 잎에 들어 있는 작은 초록색 알 갱이로, 빛을 이용해 포도당과 산소를 만들어 내는 기관.

❷ 특정한 기능을 가진 세포의 구조 단위로, 핵, 미토콘드리아, 세포막, 세포벽, 엽록체 등이 있음.

❺ 주로 식물의 잎 뒷면에 있는 작은 구멍으로, 증산 작용이 일어나고 산소와 이산화 탄소가 출입함.

❼ 싹이 틀 때 두 개의 떡잎이 마주 붙어 나는 식물.

❾ 물체 겉면의 넓이.

세로 열쇠

❶ 빛 에너지를 흡수하는 초록색 색소.

❷ 세포에서 핵을 제외한 세포막 안의 부분.

❸ 식물 속에 있으며, 양분의 이동 통로인 체관과 물의 이동 통로인 물관으로 이루어져 있음.

❹ 식물체의 생장에 있어 양분으로 사용될 수 있는 물질 중에 탄소를 포함하지 않은 성분.

❻ 생물이 자기와 닮은 개체를 만들어 그 종족을 유지하는 현상.

❽ 뿌리에서 흡수한 물과 무기 양분이 이동하는 통로.

❾ 식물체의 표면을 덮고 있는 조직.

이번 주에 공부할 내용에 대한
주간 학습 계획을 세워 보세요.

	공부할 내용	교과 연계	공부한 날	스스로 평가
1장	맛있는 음식이 똥으로 변하기까지		월 일	😢 😛 😙
2장	호흡이 일어나는 과정		월 일	😢 😛 😙
3장	우리 몸속 혈관의 길이를 모두 더하면?	[과학 6-2] 우리 몸의 구조와 기능	월 일	😢 😛 😙
4장	노폐물은 어떻게 내보낼까요?		월 일	😢 😛 😙
5장	자극이 전달되어 반응하기까지		월 일	😢 😛 😙

21 일차

1장 맛있는 음식이 똥으로 변하기까지

 다음 자료를 보고, 물음에 답해 봅시다.

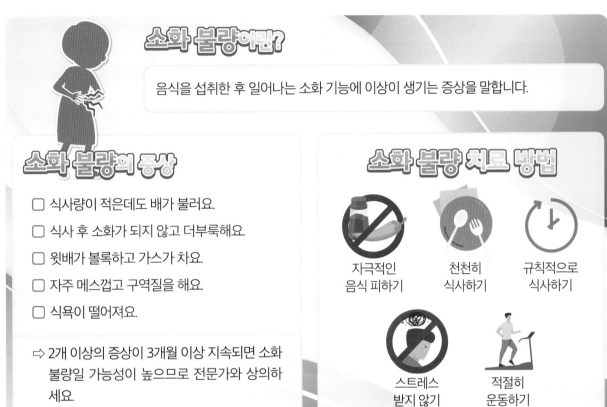

소화 불량이란?

음식을 섭취한 후 일어나는 소화 기능에 이상이 생기는 증상을 말합니다.

소화 불량의 증상

- ☐ 식사량이 적은데도 배가 불러요.
- ☐ 식사 후 소화가 되지 않고 더부룩해요.
- ☐ 윗배가 볼록하고 가스가 차요.
- ☐ 자주 메스껍고 구역질을 해요.
- ☐ 식욕이 떨어져요.

⇨ 2개 이상의 증상이 3개월 이상 지속되면 소화 불량일 가능성이 높으므로 전문가와 상의하세요.

소화 불량 치료 방법

자극적인 음식 피하기 · 천천히 식사하기 · 규칙적으로 식사하기

스트레스 받지 않기 · 적절히 운동하기

1 이 자료를 바탕으로 할 때, 소화 불량일 가능성이 가장 낮은 친구를 골라 ○표 하세요.

소희: 세 달 전부터 배에 가스가 차. 식사를 조금만 해도 배가 부른 느낌이야. ☐

민준: 요새 식욕이 생겨서 식사를 평소보다 더 많이 해. 그래도 소화는 잘되는 것 같아. ☐

서진: 몇 달 전부터 뭘 먹어도 더부룩하고 자꾸 구역질이 나와. 식욕도 떨어지고 있어. ☐

2 소화 불량의 치료 방법으로 옳은 것은 ○표, 옳지 않은 것은 ×표 하세요.

(1) 운동을 적당한 수준에서 꾸준히 한다. ( )

(2) 자극적인 음식은 되도록 먹지 않는다. ( )

(3) 정해진 시간에 맞춰 규칙적으로 식사하려고 노력한다. ( )

(4) 다른 사람과 식사 속도를 맞추기 위해 속도를 내서 식사한다. ( )

밥을 먹고 얼마 지나지 않아 똥이 마려워서 화장실에 가고 싶을 때가 있습니다. 그럴 때면 우리는 방금 먹은 음식이 바로 소화가 되어서 나오는 것은 아닌지 궁금해집니다. 결론부터 말하자면 내가 방금 먹은 밥은 바로 똥이 되어 나오지 않습니다. 그렇다면 음식물은 우리 몸에서 어떤 소화 과정을 거쳐서 ㉠언제 똥으로 나오는 것일까요? 소화 기관인 입, 식도, 위, 작은창자, 큰창자, 항문의 역할과 소화 과정을 함께 알아보도록 합시다.

음식물의 소화는 입에서부터 시작됩니다. 음식물이 입에 들어가면 이가 음식물을 잘게 자르고 부숩니다. 잘게 부서진 음식물은 침과 섞이는데, 침은 음식물을 물러지게 해 줍니다. 혀는 음식물을 침과 잘 섞어 식도로 밀어냅니다. 식도는 입과 위를 연결하는 긴 관으로, 음식물을 위로 보냅니다. 이때 음식물이 식도에서 위까지 내려가는 데 걸리는 시간은 보통 6~7초 정도에 불과합니다.

위는 주머니 모양이며 식도와 작은창자를 연결합니다. 음식물은 위에서 4~6시간 정도 머무르는데, 이때 위는 음식물을 주물럭거리고 소화를 돕는 액체를 ❶분비해 음식물을 잘게 쪼갭니다. 음식물은 위에서 ❷걸쭉한 죽처럼 변하게 됩니다.

위에서 소화가 된 음식물은 작은창자로 내려옵니다. 작은창자는 꼬불꼬불한 관 모양으로 생겼으며, 길이도 6~7 m로 매우 깁니다. 작은창자에서도 소화를 돕는 액체를 분비해 위에서 넘어온 음식물을 더 잘게 쪼갭니다. 그리고 음식물에 들어 있는 영양소를 흡수하고 남은 찌꺼기는 큰창자로 보냅니다. 작은창자에서 이와 같은 일을 하는 데에는 5~7시간 정도가 걸립니다. 작은창자에서 흡수된 영양소는 온몸의 세포로 보내져 우리가 생명을 유지하는 데 쓰이고, 우리 몸을 구성하거나 몸을 움직이게 하는 데에도 쓰입니다.

큰창자는 굵은 관 모양으로 작은창자를 감싸고 있습니다. 길이는 1.5 m 정도로 작은창자보다 짧지만 지름은 작은창자보다 두 배 정도 더 큽니다. 그래서 큰창자라고 부릅니다. 큰창자는 작은창자에서 넘어온 음식물 찌꺼기에 들어 있는 ❸수분을 흡수하는 일을 하는데, 이와 같은 과정을 거치는 데 10시간 정도가 걸립니다. 수분이 빠진 음식물 찌꺼기는 단단해지며, 어느 정도의 양이 모이면 큰창자와 연결된 항문에서 똥으로 ❹배출됩니다.

이렇게 우리가 먹은 음식물이 소화되어 똥으로 나오기까지는 짧게는 16시간에서 길게는 30시간 정도 걸립니다. 지금 내가 똥을 누고 있다면 그 전날이나 그 이전에 먹은 음식일 확률이 높습니다.

----

❶ **분비**: 몸속의 일부 기관과 세포에서 여러 가지 생리 작용을 일으키는 물질을 만들어 내보내는 일.
❷ **걸쭉하다**: 액체가 묽지 않고 꽤 진하다.
❸ **수분**: 축축한 물의 기운.
❹ **배출**: 동물이 섭취한 음식물을 소화하여 항문으로 내보내는 일.

1 이 글에 대한 설명으로 알맞은 것은 무엇인가요? ( )

① 소화의 종류를 두 가지로 나누어 설명하고 있다.

② 소화가 이루어지는 과정을 순서대로 소개하고 있다.

③ 소화가 잘 안되는 원인을 밝히며 글을 시작하고 있다.

④ 소화가 잘되기 위해 가져야 할 습관을 안내하고 있다.

⑤ 인간의 소화와 동물의 소화를 대조하며 설명하고 있다.

2 이 글의 내용과 일치하지 <u>않는</u> 것은 무엇인가요? ( )

① 소화 과정은 위에서부터 시작된다.

② 혀는 음식물과 침이 잘 섞이게 도와준다.

③ 영양소는 우리가 생명을 유지하는 데 쓰인다.

④ 소화를 돕는 액체는 음식물을 잘게 쪼개 준다.

⑤ 음식물이 식도에서 위까지 내려가는 데 10초도 걸리지 않는다.

3 소화 기관의 역할을 알맞게 설명한 것은 무엇인가요? ( )

① 입: 음식물을 위로 보낸다.

② 식도: 음식물의 영양소를 흡수한다.

③ 작은창자: 음식물 찌꺼기의 수분을 흡수한다.

④ 큰창자: 소화되지 않은 음식물 찌꺼기를 배출한다.

⑤ 위: 음식물을 잘게 쪼개 걸쭉한 죽처럼 변하게 한다.

4 '큰창자'라고 불리게 된 이유로 알맞은 것은 무엇인가요? ( )

① 큰창자가 작은창자보다 지름이 더 크기 때문이다.

② 큰창자가 작은창자보다 전체 길이가 더 길기 때문이다.

③ 큰창자가 작은창자보다 음식물을 더 잘 분해하기 때문이다.

④ 큰창자가 작은창자보다 영양소를 더 많이 흡수하기 때문이다.

⑤ 큰창자가 작은창자보다 음식물을 소화시키는 데 시간이 더 오래 걸리기 때문이다.

5 다음 설명에 해당하는 소화 기관의 이름을 쓰세요.

> • 음식물을 잘게 쪼개는 액체를 분비한다.
> • 음식물에 들어 있는 영양소를 흡수한다.
> • 꼬불꼬불한 관 모양으로 생겼으며 길이가 매우 길다.

(   )

6 이 글을 바탕으로 할 때, ㉠에 대한 답변으로 가장 적절한 것은 무엇인가요? (   )

① 우리가 음식을 먹은 직후일 확률이 높다.
② 음식물이 위에 도착할 때 즈음일 확률이 높다.
③ 음식물이 작은창자에 도착할 때 즈음일 확률이 높다.
④ 우리가 음식을 먹은 후 대략 10시간 뒤일 확률이 높다.
⑤ 우리가 음식을 먹은 후 16시간에서 30시간 사이일 확률이 높다.

7 음식물이 소화되어 똥으로 나오기까지 거치는 소화 기관의 이름을 순서대로 빈칸에 쓰세요.

> 입 ⇨ 식도 ⇨ (   ) ⇨ (   ) ⇨ (   ) ⇨ 항문

배경+지식 넓히기

작은창자의 안쪽 벽 구조
작은창자의 안쪽 벽에는 주름이 매우 많아서, 이 주름으로 인해 내부 표면적이 3배 넓어집니다. 그리고 이 주름에는 작은 돌기인 융털이 빼곡하게 분포되어 있는데, 이 융털로 인해 다시 내부의 표면적이 20배 넓어집니다. 안쪽 벽의 주름과 융털은 영양소와 닿는 작은창자의 표면적을 넓게 하여 영양소를 효율적으로 흡수할 수 있게 합니다.

1 다음 낱말의 뜻으로 알맞은 것을 바르게 선으로 이어 보세요.

(1) 분비 •

(2) 배출 •

(3) 수분 •

• ㉠ 축축한 물의 기운.

• ㉡ 동물이 섭취한 음식물을 소화하여 항문으로 내보내는 일.

• ㉢ 몸속의 일부 기관과 세포에서 여러 가지 생리 작용을 일으키는 물질을 만들어 내보내는 일.

2 다음 빈칸에 들어갈 말의 뜻을 보고, 알맞은 낱말을 보기 에서 찾아 활용하여 쓰세요.

> **보기**   잘다   걸쭉하다   단단하다   촘촘하다

(1) 아기가 먹기 좋게 사과를 _____ 썰었다.
                └ 크기가 아주 작게.

(2) 유은이는 빗살이 _____ 빗으로 머리를 빗었다.
                └ 틈이나 간격이 매우 좁거나 작은.

(3) 소스가 너무 묽어서 전분을 조금 넣고 _____ 만들었다.
                └ 액체가 묽지 않고 꽤 진하게.

(4) 이 나무는 재질이 _____ 가구를 만드는 데 사용하기 좋다.
                └ 어떤 힘을 받아도 쉽게 그 모양이 변하거나 부서지지 아니하는 상태에 있어서.

3 다음 문장에 들어갈 낱말의 올바른 표기를 골라 ○표 하세요.

(1) 머리를 { 기다랗게 / 길다랗게 } 늘어뜨리다.

(2) 음식물 { 찌꺼기 / 찌꺽지 } 를 잘 모아서 버렸다.

(3) 현경이는 { 부서진 / 부숴진 } 유리 조각을 잘 모아서 버렸다.

호흡이 일어나는 과정

매체 독해 다음 뉴스 화면을 보고, 물음에 답해 봅시다.

미세 먼지, 우리 몸에 각종 문제 일으켜

우리가 들이마시는 공기에 미세 먼지가 포함되어 있으면 어떻게 될까요? 일반 먼지는 보통 코나 기관지에서 걸러지지만, 미세 먼지는 크기가 너무 작아 코나 기관지에서 걸러지지 않고 폐에 도달합니다. 폐에 붙은 미세 먼지는 염증을 일으키고, 더 나아가면 암을 일으킬 가능성도 있다고 합니다. 특히 일부 미세 먼지는 혈관을 타고 온몸을 돌며 각종 장기에 붙어 염증을 일으킵니다. 전문가들은 미세 먼지가 많은 날에는 물을 자주 마시고, 되도록 야외 활동은 하지 않을 것을 권유합니다.

1 이 뉴스의 내용으로 옳은 것은 ○표, 옳지 않은 것은 ×표 하세요.

(1) 미세 먼지는 폐에서만 염증을 일으킨다. ( )

(2) 미세 먼지는 일반 먼지보다 크기가 작다. ( )

(3) 일반 먼지는 보통 코나 기관지에서 거를 수 있다. ( )

(4) 미세 먼지가 혈관으로 침투하면 다른 장기까지 갈 수 있다. ( )

2 뉴스를 본 후 적절하지 않은 반응을 한 친구의 이름을 쓰세요.

• 동일: 미세 먼지가 우리 몸에 들어오면 위험하구나. 앞으로 더 조심해야겠어.

• 민지: 미세 먼지가 많은 날에는 실외로 나가는 것보다는 실내에 있는 게 좋겠어.

• 채연: 물은 되도록 적게 마셔서 미세 먼지가 몸속을 돌아다니지 못하게 해야겠어.

( )

다음 글을 읽고, 물음에 답해 봅시다.

수영장에서 **❶잠수**를 하거나 빠르게 달리기를 한 후 숨이 가빠지는 것을 느낀 적이 있을 것입니다. 평소에 우리는 숨 쉬는 것을 잘 **❷의식**하지 않고 살다가 숨 쉬기가 ⓐ힘든 순간에 이를 의식하게 됩니다. 호흡은 숨을 들이마시고 내쉬는 활동을 뜻하며, 호흡 기관인 코, 기관, 기관지, 폐 등을 통해 일어납니다. 호흡이 일어나는 과정을 함께 알아봅시다.

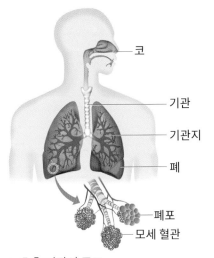

코
기관
기관지
폐
폐포
모세 혈관

▲ 호흡 기관의 구조

숨을 들이마시면 공기는 코를 통해 들어와 기관을 따라 이동합니다. 기관은 코에 연결된 긴 관으로, 공기가 이동하는 통로입니다. 기관은 가슴 부분에서 두 개의 기관지로 ⓑ갈라져 폐 속으로 들어갑니다. 각 기관지는 나뭇가지처럼 여러 갈래로 가늘게 갈라져 있으며, 그 끝은 포도송이 모양의 **❸폐포**와 연결되어 있습니다. 폐는 수많은 폐포가 모여서 이루어진 호흡 기관으로, 가슴 부분에 좌우 한 쌍이 있습니다.

공기는 우리가 숨을 들이마실 때 코로 들어와 기관과 기관지를 ⓒ거쳐 폐(폐포)로 들어갑니다. ㉠숨을 내쉴 때에는 숨을 들이마실 때와 반대의 순서를 거쳐 공기가 몸 밖으로 빠져나가게 됩니다.

한편 폐는 벽의 두께가 매우 ⓓ얇은 공기 주머니로, ⓔ표면이 **❹모세 혈관**으로 둘러싸여 있습니다. 폐포에서는 폐포 속의 공기와 폐포를 둘러싼 모세 혈관의 혈액 사이에서 산소와 이산화 탄소의 교환이 일어납니다. 즉 숨을 들이마실 때 폐포로 들어온 공기 속 산소는 모세 혈관의 혈액으로 들어가고, 몸속에서 생긴 이산화 탄소는 모세 혈관의 혈액에서 폐포로 나온 뒤 숨을 내쉴 때 몸 밖으로 나갑니다. 이처럼 폐는 우리 몸에 필요한 ⃞ ㉠ ⃞ 을/를 받아들이고 몸속에서 생긴 ⃞ ㉡ ⃞ 을/를 몸 밖으로 내보내는 역할을 합니다.

----

❶ **잠수**: 물속으로 잠겨 들어감.
❷ **의식**: 무엇을 알아차리거나 판단하는 정신의 기능.
❸ **폐포**: 폐로 들어간 기관지의 끝에 포도송이처럼 달려 있는 공기 주머니.
❹ **모세 혈관**: 온몸에 그물 모양으로 퍼져 있는 매우 가는 혈관.

1 이 글을 통해 대답할 수 없는 질문은 무엇인가요? ( )

① 호흡의 뜻은 무엇인가요?

② 호흡 기관에는 무엇이 있나요?

③ 호흡 기관에서는 어떤 일을 하나요?

④ 호흡이 일어나는 과정은 어떠한가요?

⑤ 호흡을 평상시에 의식하지 않는 이유는 무엇인가요?

2 이 글의 내용과 일치하지 않는 것은 무엇인가요? ( )

① 폐는 좌우에 한 쌍이 있다.

② 폐는 가슴 부근에 위치한다.

③ 기관지는 기관과 폐를 이어 준다.

④ 기관은 여러 갈래로 갈라진 나뭇가지 모양으로 생겼다.

⑤ 외부에 있는 공기는 코를 통해 우리 몸속으로 들어온다.

3 폐포에 대한 설명으로 알맞지 않은 것은 무엇인가요? ( )

① 폐포는 포도송이 모양이다.

② 폐포는 기관과 기관지 사이에 있다.

③ 폐포는 모세 혈관으로 둘러싸여 있다.

④ 폐포는 벽의 두께가 얇은 공기 주머니이다.

⑤ 폐포에서 산소와 이산화 탄소가 교환된다.

4 ㉮의 공기 이동 경로로 알맞은 것은 무엇인가요? ( )

① 코 → 기관 → 기관지 → 폐

② 코 → 기관지 → 기관 → 폐

③ 폐 → 기관 → 기관지 → 코

④ 폐 → 기관지 → 기관 → 코

⑤ 폐 → 코 → 기관 → 기관지

5 이 글의 내용을 바탕으로 하여 ⊙과 ⓒ에 들어갈 알맞은 말을 쓰세요.

⊙: (   ), ⓒ: (   )

6 다음을 읽고 폐가 수많은 폐포로 이루어졌을 때의 이점을 알맞게 추론한 것은 무엇인가요?

(   )

> 폐에 폐포가 많을수록 공기와 접촉할 수 있는 표면적이 넓어져서 기체 교환이 신속하게 일어날 수 있다.

① 폐와 공기가 최소한으로 접촉할 수 있다.

② 폐에서 먼지와 세균을 신속하게 걸러 낼 수 있다.

③ 폐에서 산소를 빠르게 몸 밖으로 내보낼 수 있다.

④ 폐에서 혈액을 빠르게 모세 혈관으로 내보낼 수 있다.

⑤ 폐에서 산소와 이산화 탄소를 신속하게 교환할 수 있다.

7 ⓐ~ⓔ를 다른 말로 바꾸려고 할 때 알맞지 <u>않은</u> 것은 무엇인가요? (   )

① ⓐ: 어려운   ② ⓑ: 나누어져   ③ ⓒ: 지나

④ ⓓ: 옅은   ⑤ ⓔ: 바깥쪽

물속 동물의 호흡 기관

물속에 사는 동물의 호흡 기관은 아가미입니다. 아가미는 물속에 녹아 있는 산소를 흡수합니다. 아가미는 붉은 참빗 모양으로 여러 갈래로 잘게 나뉘는데, 그 속의 혈관에 흐르는 피와 물이 접하여 기체 교환이 이루어집니다.

1 다음 밑줄 친 낱말의 알맞은 뜻을 보기 에서 찾아 기호를 쓰세요.

> 보기 ㉠ 물속으로 잠겨 들어감.
> ㉡ 무엇을 알아차리거나 판단하는 정신의 기능.
> ㉢ 폐로 들어간 기관지의 끝에 포도송이처럼 달려 있는 공기 주머니.

(1) 폐포에 염증이 생긴 것을 폐렴이라고 한다.   (   )
(2) 윤재는 오늘 수영장에서 잠수 연습을 했다.   (   )
(3) 그는 사고가 난 지 일주일 만에 의식을 회복하였다.   (   )

2 다음 빈칸에 들어갈 말의 뜻을 보고, 알맞은 낱말을 보기 에서 찾아 활용하여 쓰세요.

> 보기   가쁘다   내쉬다   드나들다   들이마시다

(1) 한숨을 _____ 그를 모두가 바라보았다.
　　　　└ 숨을 밖으로 내보내는.

(2) 항구에 배가 끊임없이 _____ 있다.
　　　　　　　└ 어떤 곳에 많은 것들이 들어갔다 나오고.

(3) 그는 먼 길을 달려왔기 때문에 _____ 숨소리를 냈다.
　　　　　　　└ 숨이 몹시 찬.

(4) 마스크를 벗고 신선한 공기를 _____ 나니 기분이 상쾌했다.
　　　└ 공기나 냄새 따위를 입이나 코로 빨아들이고.

3 다음 문장에서 밑줄 친 낱말이 어떤 뜻으로 사용되었는지 번호를 쓰세요.

> 기관지
> ① 기관에서 좌우로 갈라져 폐에 이르는 부분.
> ② 특정한 개인이나 조직, 단체 따위가 추구하는 정신이나 이념 따위를 널리 펴기 위하여 발행하는 잡지.

(1) 기관지가 약한 나는 감기만 걸리면 기침이 심했다.   (   )
(2) 그 단체는 창립 30주년을 맞이하여 기관지를 발행하였다.   (   )
(3) ○○도는 도의 여러 소식을 알릴 공식 기관지를 창간했다.   (   )
(4) 도라지로 차를 끓여 마시면 기관지에 좋다는 이야기를 들었다. (   )

우리 몸속 혈관의 길이를 모두 더하면?

매체 독해 다음 자료를 보고, 물음에 답해 봅시다.

혈액은 산소와 영양소를 운반하여 세포에 공급하고, 이산화 탄소와 노폐물을 운반하여 폐나 콩팥 등으로 보냅니다.

혈액은 병의 원인이 되는 세균을 잡아먹어서 우리 몸이 아프지 않게 보호합니다.

혈액은 상처가 나면 자신을 굳게 하여, 혈액이 더 이상 몸 밖으로 나가지 못하게 막고, 상처도 보호합니다.

36.5 ℃

혈액은 세포에서 발생한 열을 온몸으로 운반하여 체온을 일정하게 조절합니다.

㉠

1 ㉠에 이 자료의 제목을 넣으려고 합니다. ㉠에 들어갈 알맞은 말을 골라 ○표 하세요.

혈액의 종류	혈액의 역할	혈액의 순환 과정	혈액의 구성 요소
☐	☐	☐	☐

2 이 자료의 내용과 일치하지 <u>않는</u> 것은 무엇인가요? ( )

① 혈액은 영양소, 노폐물 등을 운반한다.
② 혈액은 산소를 만들어 세포에 공급한다.
③ 혈액은 우리 몸의 체온이 일정하도록 조절한다.
④ 혈액은 세균을 잡아먹어 병에 걸리지 않게 한다.
⑤ 혈액은 상처가 나면 자신을 굳게 해서 상처를 막는다.

　여러분은 격한 운동을 하고 난 후나 무서운 영화를 보는 중에 심장이 쿵쾅거리며 빠르게 뛰는 것을 느낀 적이 있을 것입니다. 심장이 온몸에 혈액을 더 빨리 ⓐ공급하기 위해 열심히 움직여서 생기는 현상입니다. 오늘은 우리 몸 구석구석까지 혈액을 돌게 만드는 심장과 혈액이 다니는 길인 혈관에 대해 알아보도록 하겠습니다.

　심장은 가슴의 가운데에서 왼쪽으로 약간 치우쳐 있으며, 자신의 주먹만 한 크기입니다. 심장은 끊임없이 ❶수축과 ❷이완을 반복하여 혈액을 내보내고 받아들입니다. 혈액은 이 과정을 통해 우리 몸에 퍼져 있는 혈관을 따라 온몸을 순환하게 됩니다.

　혈관은 혈액이 다니는 통로로, 긴 관처럼 생겼으며 온몸에 퍼져 있습니다. 혈관의 종류에는 심장에서 나오는 혈액이 흐르는 동맥, 동맥과 정맥을 이어 주는 모세 혈관, 심장으로 들어가는 혈액이 흐르는 정맥이 있습니다. 동맥은 혈관 벽이 두껍고 ❸탄력성이 커서 심장이 수축할 때 생기는 ❹혈압을 견딜 수 있습니다. 모세 혈관은 가느다란 혈관으로, 온몸 구석구석까지 그물처럼 퍼져 있어 그 수가 매우 많습니다. 모세 혈관은 혈관 벽이 매우 얇아서 주변에 있는 세포와 물질 교환이 일어납니다. 모세 혈관에서는 혈액 속의 산소와 영양소가 세포로 전달되고, 세포에서 생긴 이산화 탄소와 ❺노폐물은 혈액으로 이동합니다. 정맥은 동맥보다 지름이 크고 내부도 더 넓지만 혈관 벽은 더 얇고 탄력성도 더 작습니다. 또한 심장에서 나온 혈액이 동맥과 모세 혈관을 거쳐 정맥에 이르기 때문에 정맥의 혈압은 낮습니다.

　이처럼 심장에서 동맥을 통해 나온 혈액은 모세 혈관, 정맥을 거쳐 다시 심장으로 돌아오는 과정을 반복합니다. 혈액은 혈관을 따라 이동하면서 온몸으로 산소와 영양소를 운반하고, 몸속에서 생긴 이산화 탄소와 노폐물도 운반합니다.

　우리 몸에 퍼져 있는 혈관을 모두 합치면 그 길이는 얼마나 될까요? 대략 100,000 km라고 합니다. 지구를 두 바퀴 반이나 돌 정도의 길이라니 상상도 안 갈 정도로 매우 깁니다. 그런데 혈액이 우리 몸 전체를 한 번 도는 데 걸리는 시간은 얼마일까요? 1분도 채 걸리지 않는다고 합니다. 온몸으로 혈액을 순환시키는 심장의 힘, 정말 대단하지 않나요?

----

❶ **수축**: 근육 등이 오그라듦.
❷ **이완**: 굳어서 뻣뻣하게 된 근육 등이 원래의 상태로 풀어짐.
❸ **탄력성**: 물체가 외부에서 힘을 받았을 때 튀기는 힘이 있는 성질.
❹ **혈압**: 심장의 수축으로 밀려 나온 혈액이 혈관 벽에 미치는 압력.
❺ **노폐물**: 몸속에서 생성된 물질 중 몸에 필요 없는 것.

1 이 글에 대한 설명으로 알맞은 것은 무엇인가요? ( )

① 혈액의 구성 성분을 분석하고 있다.

② 심장과 폐의 차이점을 설명하고 있다.

③ 혈관의 종류를 구분하여 설명하고 있다.

④ 혈관이 만들어지는 과정을 설명하고 있다.

⑤ 동맥과 정맥의 공통점을 중심으로 설명하고 있다.

2 심장에 대한 설명으로 알맞은 것은 무엇인가요? (정답 2개) ( )

① 수축과 이완을 반복한다.

② 노폐물을 몸 밖으로 배출해 준다.

③ 혈액이 온몸을 순환하게 해 준다.

④ 혈액이 다니는 통로 역할을 한다.

⑤ 영양소를 온몸의 세포에 전해 준다.

3 혈액의 이동 경로를 순서대로 알맞게 나열한 것은 무엇인가요? ( )

① 심장 → 동맥 → 정맥 → 모세 혈관 → 심장

② 심장 → 동맥 → 모세 혈관 → 정맥 → 심장

③ 심장 → 정맥 → 동맥 → 모세 혈관 → 심장

④ 심장 → 정맥 → 모세 혈관 → 동맥 → 심장

⑤ 심장 → 모세 혈관 → 동맥 → 정맥 → 심장

4 혈관에 대한 설명으로 알맞지 <u>않은</u> 것은 무엇인가요? ( )

① 정맥은 동맥에 비해 탄력성이 작다.

② 모세 혈관은 동맥과 정맥을 이어 준다.

③ 동맥은 정맥보다 지름이 크고 내부가 넓다.

④ 모세 혈관은 가느다랗고 혈관 벽이 매우 얇다.

⑤ 모세 혈관에서는 혈액 속의 영양소와 산소가 세포로 전달된다.

5 이 글의 내용으로 알맞지 <u>않은</u> 것은 무엇인가요?   (   )

① 혈관은 긴 관처럼 생겼고 온몸에 퍼져 있다.

② 혈액은 스스로 움직여 혈관을 따라 이동한다.

③ 혈액이 우리 몸을 한 번 도는 데 걸리는 시간은 대략 1분을 넘기지 않는다.

④ 운동할 때 심장이 빨리 뛰는 것은 온몸에 혈액을 더 빨리 공급하기 위해서이다.

⑤ 우리 몸에 퍼져 있는 혈관을 모두 합친 길이는 지구를 두 바퀴 반이나 돌 정도의 길이이다.

6 이 글을 바탕으로 할 때, 다음 빈칸에 들어갈 말을 유추한 것으로 알맞은 것은 무엇인가요?

                                                                                  (   )

> 동맥이 혈관 벽은 두껍고 탄력성이 큰 이유는 (   )입니다.

① 낮은 혈압을 견디기 위해서

② 높은 혈압을 견디기 위해서

③ 온몸 구석구석으로 퍼지기 위해서

④ 수축과 이완을 수월하게 하기 위해서

⑤ 세포와의 물질 교환을 수월하게 하기 위해서

7 ⓐ와 바꾸어 쓸 수 있는 낱말로 알맞은 것은 무엇인가요?   (   )

① 역류   ② 소모   ③ 제공   ④ 함유   ⑤ 지속

배경+지식 넓히기

혈액의 구성

혈액은 혈장과 혈구로 이루어집니다. 혈장은 혈액을 이루는 액체 성분으로, 영양소 등을 운반하고 우리 몸의 체온을 조절해 주는 역할을 합니다. 혈구는 적혈구, 백혈구, 혈소판으로 구분할 수 있는데, 적혈구는 산소를 전달하는 역할을 하고, 백혈구는 몸속으로 들어온 세균을 제거하는 역할을 합니다. 혈소판은 상처가 났을 때 혈액을 응고시키는 역할을 합니다.

1 다음 밑줄 친 낱말의 뜻으로 알맞은 것을 바르게 선으로 이어 보세요.

(1) 이 낚싯대는 <u>탄력성</u>이 매우 좋다.   ·

(2) 할아버지는 <u>혈압</u>이 높아서 늘 조심하신다.   ·

(3) 몸 안에 <u>노폐물</u>이 쌓이면 염증이 생길 수도 있다.   ·

·   ㉠ 심장의 수축으로 밀려 나온 혈액이 혈관 벽에 미치는 압력.

·   ㉡ 물체가 외부에서 힘을 받았을 때 튀기는 힘이 있는 성질.

·   ㉢ 몸속에서 생성된 물질 중 몸에 필요 없는 것.

2 다음 문장의 밑줄 친 낱말과 짝을 이룬 낱말이 비슷한 뜻을 가지면 '비', 반대의 뜻을 가지면 '반'이라고 쓰세요.

(1) 추워서 손이 <u>펴지지</u> 않았다. | 펴지다 |— 오그라들다 | (   )

(2) 피아노 연습을 몇 번이고 <u>반복했다</u>. | 반복하다 |— 거듭하다 | (   )

(3) <u>격한</u> 운동을 했더니 근육통이 생겼다. | 격하다 |— 격렬하다 | (   )

3 다음 문장에 들어갈 알맞은 낱말을 골라 ○표 하세요.

(1)
{ (온몸 / 홑몸)에 두드러기가 생겨 피부과에 갔다.
{ 이모는 (온몸 / 홑몸)이 아니어서 각별히 조심해야 한다.

(2)
{ 그녀는 본국으로의 (송환 / 순환)을 거부했다.
{ 혈액 (송환 / 순환)을 돕기 위해 따뜻한 차를 마셨다.

(3)
{ 선물 (숙달 / 전달)을 끝으로 행사를 마무리했다.
{ 그는 (숙달 / 전달)된 솜씨로 포장을 빠르게 했다.

노폐물은 어떻게 내보낼까요?

 **매체 독해** 다음 안내문을 읽고, 물음에 답해 봅시다.

소변 검사 안내문

학부모님, 안녕하십니까?

학생들의 건강한 학교생활을 위하여 소변 검사를 실시하고자 합니다. 소변 검사는 소변의 성분을 검사하여 몸의 건강 상태를 알아내는 방법으로, 당뇨성 질환, 신장 질환 등을 조기에 발견하기 위해 실시합니다.

1. 검사 목적: [㉠   ]

2. 검사 일시 및 대상

일시	대상	비고
20○○년 6월 29일	1, 3, 5학년 학생	무료(학교에서 부담함.)
20○○년 6월 30일	2, 4, 6학년 학생	

3. 검사 시 유의 사항
- 검사 전날 채소나 과일을 지나치게 많이 섭취하지 않도록 합니다.
- 검사 당일 아침 식사는 할 수 있지만, 당분이 많은 음료수나 과자와 같은 음식은 먹지 않도록 합니다.

4. 추후 관리

이상이 발견되어 결과 통지서를 배부 받은 가정에서는 가까운 병원에서 재검진을 받으시고, 회신문을 담임 선생님께 보내 주시기 바랍니다. 단, 결과가 정상으로 나온 학생에게는 따로 결과 통지서를 배부하지 않습니다.

1 ㉠에 들어갈 말로 알맞은 것은 무엇인가요? (   )

① 새로운 치료법 발견 ② 각종 질병의 조기 발견
③ 상세한 치료 방법 제공 ④ 각종 질병의 문제점 제시
⑤ 질병에 대한 정밀 검사

2 안내문을 읽은 3학년 학생의 반응으로 적절한 것은 무엇인가요? (   )

① 소변 검사 비용을 부모님께 달라고 해야겠어.
② 검사 당일에 아침 식사는 절대로 하면 안 되겠어.
③ 검사 전날에는 과일 주스를 아주 많이 마셔야겠어.
④ 20○○년 6월 29일에 검사를 받으니까 달력에 적어 두어야겠어.
⑤ 검사 결과가 정상으로 나오면 부모님께 결과 통지서를 보여 드려야지.

(가) 가끔 우리는 화장실을 자주 가서 불편하다고 느끼거나, 더울 때 땀이 많이 나서 불쾌할 때가 있습니다. 오줌이나 땀은 왜 생기는 것일까요? 우리 몸의 세포는 에너지를 얻기 위해 영양소를 분해하는데 이때 노폐물이 만들어집니다. 노폐물이 몸속에 오래 남아서 쌓이면 우리 몸에 이상이 생기므로, 우리 몸은 이러한 노폐물을 오줌과 땀으로 내보냅니다. 이처럼 우리 몸속에 있는 노폐물을 몸 밖으로 내보내는 과정을 '배설'이라고 합니다.

(나) 우리 몸의 배설 기관에는 콩팥, 오줌관, 방광, 요도 등이 있습니다. 콩팥은 강낭콩 모양으로, 몸의 뒤쪽 허리 근처에 좌우 한 쌍이 있습니다. 혈액은 온몸을 돌면서 세포에서 만들어진 노폐물을 받아 옵니다. 그래서 혈액에는 노폐물이 포함되어 있는데, 콩팥은 혈액에 있는 노폐물을 걸러서 오줌을 만듭니다. 오줌은 오줌관을 통해 주머니 모양의 방광으로 이동하고, 방광에서는 오줌을 잠시 모아 두었다가 일정량 이상이 되면 요도를 통해 몸 밖으로 내보냅니다. 사람에 따라 다르지만 보통 방광에 250 mL 정도의 오줌이 모이면 오줌이 마렵다고 느끼며, 성인은 하루에 1.5 L 정도의 오줌을 눕니다. 만약 오줌을 만드는 콩팥이 제 기능을 하지 못하면 어떻게 될까요? 몸속에 노폐물이 쌓이면서 몸이 점점 붓게 되며, 심하면 사망에 이를 수도 있습니다. 그래서 콩팥이 제 기능을 하지 못하는 사람들은 인공 콩팥을 이용해 혈액 속의 노폐물을 걸러 내는 투석을 합니다.

(다) 사람은 오줌뿐만 아니라 땀을 통해서도 노폐물을 몸 밖으로 내보냅니다. 땀은 땀샘에서 만들어집니다. 땀샘은 피부 속에 있으며 끝이 실 ❶꾸러미처럼 말려 있고 모세 혈관에 둘러싸여 있습니다. 땀샘에서 모세 혈관에 있는 혈액 속의 노폐물을 걸러 내어 땀을 만들면, 땀은 땀샘과 연결된 긴 관을 통해 피부 표면에 있는 ❷땀구멍으로 빠져나옵니다. 우리 몸에는 약 200만~400만 개의 땀샘이 있는데, 손바닥, 발바닥, 이마, 겨드랑이 등에 주로 많이 있습니다.

(라) 오줌과 땀은 서로 달라 보이지만 ❸성분은 거의 비슷합니다. 오줌은 약 95 %가 물이고 나머지는 ❹무기 염류와 노폐물인 요소 등으로 이루어져 있습니다. 땀은 오줌보다 물의 비율이 더 높아 약 99 %가 물이고 약간의 무기 염류와 요소 등으로 이루어져 있습니다.

---

❶ **꾸러미**: 한데 동여매여 뭉치거나 싼 물건.
❷ **땀구멍**: 몸 안에서 몸 밖으로 땀을 내보내도록 피부에 난 구멍.
❸ **성분**: 물질의 바탕을 이루고 있는 낱낱의 요소.
❹ **무기 염류**: 우리 몸을 구성하고 몸의 여러 가지 작용을 조절하는 칼슘, 칼륨, 나트륨, 인, 마그네슘, 철 등을 말함.

1 이 글을 통해 알 수 <u>없는</u> 내용은 무엇인가요? ( )

① 배설의 뜻
② 오줌의 역할
③ 콩팥의 구성 요소
④ 콩팥과 땀샘의 위치
⑤ 콩팥이 제 기능을 하지 못할 때 발생하는 문제점

2 이 글에 사용된 설명 방법끼리 바르게 묶인 것은 어느 것인가요? ( )

> ㉠ 묻고 답하는 형식으로 내용을 서술하고 있다.
> ㉡ 구체적인 수치를 제시하여 이해를 돕고 있다.
> ㉢ 전문가의 의견을 인용하여 중요한 내용을 강조하고 있다.
> ㉣ 시간의 흐름에 따라 대상이 발달하는 과정을 설명하고 있다.

① ㉠, ㉡   ② ㉠, ㉢   ③ ㉡, ㉢   ④ ㉡, ㉣   ⑤ ㉢, ㉣

3 다음은 콩팥이 우리 몸에서 하는 일을 정리한 것입니다. 빈칸에 들어갈 알맞은 말을 쓰세요.

> 콩팥은 우리 몸에 필요 없는 ( )을/를 몸 밖으로 내보내기 위해
> ( )을/를 만듭니다.

4 오줌이 만들어져서 몸 밖으로 나오기까지의 과정을 순서에 맞게 기호를 쓰세요.

> ⓐ 방광에 오줌이 모인다.
> ⓑ 혈액이 온몸을 돌면서 노폐물을 받아 온다.
> ⓒ 오줌이 오줌관을 통해 방광으로 이동한다.
> ⓓ 콩팥에서는 혈액 속의 노폐물을 걸러 낸다.
> ⓔ 요도를 통해 오줌이 나간다.

( ) → ( ) → ( ) → ( ) → ( )

5 땀샘에 대한 설명으로 알맞지 <u>않은</u> 것은 무엇인가요?　　　　　　　　　　(　　　　)

① 땀을 만들어 낸다.
② 주로 손발, 이마, 겨드랑이에 많이 있다.
③ 끝이 실 꾸러미처럼 말려 있는 모양이다.
④ 우리 몸에 약 200만 개에서 400만 개가 있다.
⑤ 땀을 몸 밖으로 내보내기 위해 피부 표면에 나 있는 구멍이다.

6 다음 내용이 들어가기에 가장 알맞은 곳은 어디인가요?　　　　　　　　(　　　　)

> 사람의 몸과 투석기를 연결한 후, 몸속의 혈액을 투석기로 빼내서 노폐물을 제거하고 깨끗해진 혈액을 몸속으로 다시 넣어 줍니다. 이렇게 인공적으로 혈액 속에 쌓인 노폐물을 제거해 주는 것입니다.

① (가) 문단의 앞　　　　② (가) 문단의 뒤　　　　③ (나) 문단의 뒤
④ (다) 문단의 뒤　　　　⑤ (라) 문단의 뒤

7 땀과 오줌에 대한 설명으로 옳은 것은 ○표, 옳지 <u>않은</u> 것은 ×표 하세요.

(1) 오줌보다 땀이 물의 비율이 더 높다.　　　　　　　　　　　　　(　　　　)
(2) 땀과 오줌 모두 물과 무기 염류, 요소 등으로 구성되어 있다.　　(　　　　)
(3) 땀을 만드는 곳은 오줌을 만드는 곳과 달리 특정한 곳에 집중되어 있다.　(　　　　)

항문은 배설 기관인가요?
배설 기관이라고 하면 흔히 항문을 떠올리지만, 사실 항문은 큰창자와 연결되어 있어 소화 기관으로 분류됩니다. 배설은 혈액 속의 노폐물을 걸러 내어 몸 밖으로 내보내는 것인데, 항문에서 배출되는 똥은 큰창자에서 수분이 흡수되고 남은 음식물 찌꺼기입니다. 따라서 항문은 배설 기관이 아닙니다.

1 다음 빈칸에 들어갈 말의 뜻을 보고, 알맞은 낱말을 보기 에서 찾아 쓰세요.

> 보기   땀구멍   성분   꾸러미

(1) 그는 선물 _____을/를 한아름 들고 왔다.
└ 한데 동여매여 뭉치거나 싼 물건.

(2) 책을 읽고 멸치에는 칼슘 _____이/가 많다는 것을 알았다.
└ 물질의 바탕을 이루고 있는 낱낱의 요소.

(3) 미세 먼지는 모공과 _____ 속까지 침투해 각종 피부 질환을 일으킬 수 있다.
└ 몸 안에서 몸 밖으로 땀을 내보내도록 피부에 난 구멍.

2 다음 배설 기관과 관련된 낱말의 뜻으로 알맞은 것을 바르게 선으로 이어 보세요.

(1) 방광 •   • ㉠ 몸속의 노폐물을 걸러서 오줌을 만드는 기관.

(2) 요도 •   • ㉡ 오줌을 방광으로부터 몸 밖으로 내보내기 위한 관.

(3) 콩팥 •   • ㉢ 만들어진 오줌을 모아 두는 기관.

3 다음 문장에 들어갈 낱말의 올바른 표기를 골라 ○표 하세요.

(1) 이것은 불순물을 { 거러 / 걸러 } 낸 순수한 물질이다.

(2) 은지는 아침밥을 { 지어 / 짓어 } 먹고 외출 준비를 했다.

(3) 건강을 위해 몸에 { 이로운 / 이롭운 } 음식을 챙겨 먹고 있다.

 **매체 독해** 다음 신문 기사를 읽고, 물음에 답해 봅시다.

미래일보   20○○년 ○○월 ○○일 ○요일

육상 유망주, 부정 출발로 실격

전국 육상 대회에서 우리 시의 육상 유망주인 김○○ 선수가 부정 출발로 실격되었다는 안타까운 소식이 들렸습니다.

부정 출발은 보통 출발 신호를 받기 전에 먼저 출발하는 경우를 뜻합니다. ㉠ 출발을 알리는 총소리가 난 뒤, 0.1초 이내에 발을 떼면 부정 출발로 간주합니다. 총소리가 사람의 귀까지 전달되어 사람이 반응하기까지의 시간을 고려했을 때, 발판에서 발을 떼는 시간이 0.1초보다 빠를 수는 없기 때문입니다.

부정 출발도 결국은 선수의 능력이라고 덤덤히 소감을 밝힌 김○○ 선수는 앞으로 있을 다른 대회에서 제 기량을 발휘하기 위해 더 연습에 매진하겠다고 전했습니다.

---

1 이 신문 기사를 통해 알 수 있는 내용은 무엇인가요? (정답 2개)   (   )

① 부정 출발의 뜻
② 부정 출발의 종류
③ 부정 출발이 일어나는 심리적인 원인
④ 육상 경기에서 부정 출발이 성립되는 조건
⑤ 육상 경기에서 부정 출발로 인정되지 않는 사례

2 다음은 ㉠의 근거가 되는 내용을 정리한 것입니다. 빈칸에 들어갈 알맞은 말을 이 신문 기사에서 찾아 쓰세요.

> 총소리를 듣고 사람이 (   )하기까지의 시간을 고려했다.

우리는 일상생활에서 수많은 **❶**자극을 받으며 삽니다. 이러한 자극은 **❷**감각 기관인 눈, 귀, 코, 혀, 피부에서 받아들입니다. 감각 기관에서 받아들인 자극은 온몸에 퍼져 있는 **❸**신경계를 통해 전달됩니다. 신경계에서는 전달받은 자극을 종합하고 분석하여 자극에 어떻게 반응할지를 결정합니다. 그리고 이 결정을 운동 기관으로 전달하여 적절한 반응을 나타내도록 합니다. 우리 몸에서 자극이 전달되어 반응이 나타나기까지의 과정을 자세히 살펴봅시다.

우선 감각 기관인 눈, 귀, 코, 혀, 피부에서 하는 일과 자극이 전달되는 과정을 알아봅시다. 눈은 빛을 자극으로 받아들이고, 이 자극은 시각 신경을 통해 뇌로 전달되어 물체를 볼 수 있게 됩니다. 귀는 소리를 자극으로 받아들이고, 이 자극은 청각 신경을 통해 뇌로 전달되어 소리를 듣게 됩니다. 코는 기체 상태의 화학 물질을 자극으로 받아들이고, 이 자극은 후각 신경을 통해 뇌로 전달되어 냄새를 맡게 됩니다. 혀는 액체 상태의 화학 물질을 자극으로 받아들이고, 이 자극은 미각 신경을 통해 뇌로 전달되어 짠맛, 단맛, 신맛, 쓴맛, 감칠맛을 느낄 수 있게 됩니다. 피부는 접촉, 따뜻함, 차가움, 압력 등을 자극으로 받아들이고, 이 자극은 피부 감각 신경을 통해 뇌로 전달되어 촉감, 따뜻함, 차가움, 아픔 등을 느낄 수 있게 됩니다. 즉 보고, 듣고, 냄새를 맡고, 맛을 느끼고, 피부에 닿는 느낌 등의 감각을 느끼려면 각 감각 기관에서 받아들인 자극이 뇌까지 전달되어야 합니다. 자극이 뇌에 전달되지 않으면 우리는 이 자극이 무엇인지 ⓐ<u>알지</u> 못합니다.

뇌와 시각 신경, 청각 신경 등은 모두 신경계에 포함됩니다. 신경계는 크게 중추 신경계와 말초 신경계로 나눌 수 있습니다. 중추 신경계는 뇌와 척수로 구성되어 있으며, 감각 기관에서 전달된 여러 자극을 종합하고 분석한 후, 적절한 반응을 하도록 명령을 내립니다. 말초 신경계는 중추 신경계와 온몸의 조직이나 기관을 연결하는 역할을 합니다. 감각 신경과 운동 신경이 이에 해당합니다. 감각 신경은 감각 기관인 눈, 귀, 코, 혀, 피부에서 받아들인 자극을 중추 신경계로 전달합니다. 앞서 말했던 시각 신경, 청각 신경 등이 이에 속합니다. 운동 신경은 중추 신경계의 명령을 각 운동 기관에 전달하는 역할을 합니다.

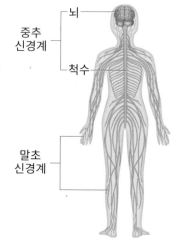

▲ 신경계의 구성

예를 들어, 신나는 노래가 들려서 춤을 추고 있다고 가정해 봅시다. 우선 귀가 받아들인 소리 자극은 청각 신경을 통해 뇌로 전달됩니다. 뇌는 전달된 자극을 분석하여 춤을 추라는 명령을 내립니다. 그러면 운동 신경은 이 명령을 운동 기관에 전달하여 춤을 추는 행동을 하게 되는 것입니다.

----

❶ 자극: 어떤 작용을 주어 감각이나 마음에 반응이 일어나게 함.

❷ 감각: 눈, 귀, 코, 혀, 피부를 통하여 바깥의 어떤 자극을 알아차림.

❸ 신경계: 몸속의 상태와 바깥 환경의 변화에 반응하고 적응하는 데 관여하는 신경 조직으로 이루어진 기관.

1 이 글을 통해 알 수 <u>없는</u> 내용은 무엇인가요?　　　　　　　　(　　　　)

① 신경계의 구성과 기능
② 뇌의 구조와 구성 성분
③ 감각 기관의 종류와 기능
④ 자극이 전달되어 반응하기까지의 과정
⑤ 외부 자극이 뇌까지 전달되기까지의 과정

2 다음은 신경계를 정리한 것입니다. 빈칸에 들어갈 알맞은 말을 쓰세요.

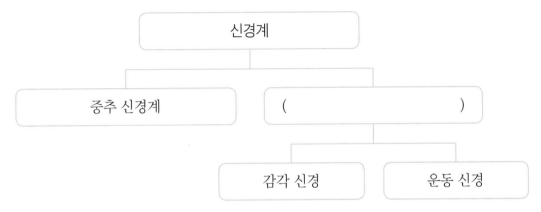

3 이 글의 내용과 일치하지 <u>않는</u> 것은 무엇인가요?　　　　　　　　(　　　　)

① 감각 신경은 중추 신경계에 자극을 전달한다.
② 시각 신경, 청각 신경 등은 운동 신경에 해당한다.
③ 운동 신경은 중추 신경계의 명령을 각 운동 기관에 전달한다.
④ 자극을 분석한 후 행동 명령을 내리는 것은 중추 신경계이다.
⑤ 자극이 뇌까지 전달되어야 우리는 자극이 무엇인지 알 수 있다.

4 이 글을 바탕으로 할 때, 다음 설명에 해당하는 감각 기관을 쓰세요.

(1) 빛을 자극으로 받아들이는 감각 기관이다.　　　　　　　　(　　　　)
(2) 소리를 자극으로 받아들이는 감각 기관이다.　　　　　　　　(　　　　)
(3) 따뜻함, 차가움 등을 자극으로 받아들이는 감각 기관이다.　　(　　　　)
(4) 기체 상태의 화학 물질을 자극으로 받아들이는 감각 기관이다.　(　　　　)
(5) 액체 상태의 화학 물질을 자극으로 받아들이는 감각 기관이다.　(　　　　)

5 다음 중 신경계가 <u>아닌</u> 것은 무엇인가요? ( )

① 뇌 ② 눈 ③ 시각 신경
④ 운동 신경 ⑤ 청각 신경

6 이 글을 바탕으로 할 때, 다음 상황이 일어나는 과정을 순서에 맞게 나열한 것은 어느 것인가요?

( )

> ㉠ 운동 기관은 공을 피합니다.
> ㉡ 날아오는 공을 눈으로 봅니다.
> ㉢ 뇌는 공을 피하겠다고 결정합니다.
> ㉣ 감각 신경이 공이 날아온다는 자극을 뇌에 전달합니다.
> ㉤ 운동 신경은 공을 피하라는 명령을 운동 기관에 전달합니다.

① ㉡ – ㉢ – ㉣ – ㉠ – ㉤   ② ㉡ – ㉢ – ㉣ – ㉤ – ㉠
③ ㉡ – ㉣ – ㉢ – ㉤ – ㉠   ④ ㉣ – ㉡ – ㉢ – ㉤ – ㉠
⑤ ㉣ – ㉢ – ㉤ – ㉡ – ㉠

7 다음 중 @와 바꾸어 쓸 수 있는 낱말은 무엇인가요? ( )

① 도모하지 ② 개입하지 ③ 인지하지
④ 보전하지 ⑤ 시행하지

배경 ＋지식 넓히기

뇌의 구조와 기능

사람의 뇌는 대뇌, 소뇌, 간뇌, 중간뇌, 연수로 구분하며, 각각 고유한 기능을 가집니다. 대뇌는 자극을 해석하여 운동 기관에 명령을 내리며, 기억, 판단 등의 정신 활동을 담당합니다. 소뇌는 몸의 자세와 균형을 유지하고, 간뇌는 체온 등 몸 상태를 일정하게 유지하는 역할을 합니다. 중간뇌는 눈의 운동 등을 조절하며, 연수는 심장 박동 같은 생명 유지 기능을 담당합니다.

1 다음 밑줄 친 낱말의 알맞은 뜻을 보기 에서 찾아 기호를 쓰세요.

> 보기
> ㉠ 어떤 작용을 주어 감각이나 마음에 반응이 일어나게 함.
> ㉡ 눈, 귀, 코, 혀, 피부를 통하여 바깥의 어떤 자극을 알아차림.
> ㉢ 몸속의 상태와 바깥 환경의 변화에 반응하고 적응하는 데 관여하는 신경 조직으로 이루어진 기관.

(1) 내 친구는 감각이 둔한 편이다. ( )

(2) 병원에서 신경계에 이상이 있다는 진단을 받았다. ( )

(3) 이 장난감은 아이들에게 시각적으로 큰 자극을 준다. ( )

2 다음 밑줄 친 낱말과 비슷한 뜻을 가진 낱말을 찾아 바르게 선으로 이어 보세요.

(1) 이 실험이 실패한 이유를 분석했다. •   • ㉠ 검토하다

(2) 나는 체육을 매우 잘하는 편에 속한다. •   • ㉡ 포함되다

(3) 그는 기계 조작법을 자세하게 기록했다. •   • ㉢ 상세하다

3 다음 문장에서 밑줄 친 낱말이 어떤 뜻으로 사용되었는지 기호를 쓰세요.

> 중추
> ㉠ 사물의 중심이 되는 중요한 부분.
> ㉡ 신경 기관 가운데, 신경 세포가 모여 있는 부분.

(1) 그는 회사 개혁의 중추 역할을 하고 있다. ( )

(2) 지역 경제의 중추 역할을 하는 기업들을 선정했다. ( )

(3) 땀을 내기 위해서는 중추를 자극하여 열을 내야 한다. ( )

(4) 일상생활에서 듣게 되는 지나친 소음은 중추 신경을 긴장하게 한다. ( )

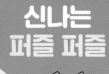
낱말판의 가로, 세로, 대각선에 숨어 있는 낱말을 찾으며,
주제5에서 공부한 용어의 뜻을 다시 한번 떠올려 봐요.

투	노	폐	물	음	신	대	근	육
과	석	모	양	식	경	액	소	화
배	위	호	영	도	계	탄	력	성
출	작	은	흡	산	항	폐	요	쌍
주	콩	팥	큰	감	문	땀	포	염
름	창	자	뼈	각	혈	오	줌	분
통	동	비	수	기	서	압	심	장
로	갈	맥	이	관	분	비	꾸	러

힌트

❶ 입과 위를 연결하는 긴 관으로, 음식물을 위로 보내는 역할을 함.
❷ 동물이 섭취한 음식물을 소화하여 항문으로 내보내는 일.
❸ 숨을 들이마시고 내쉬는 활동.
❹ 폐로 들어간 기관지의 끝에 포도송이처럼 달려 있는 공기 주머니.
❺ 수축과 이완을 반복하여, 혈액을 온몸으로 보내는 기관.
❻ 심장에서 나오는 혈액이 흐르는 혈관. 혈관 벽이 두껍고 탄력성이 큼. (반대) 정맥
❼ 몸속에서 생성된 물질 중 몸에 필요 없는 것.
❽ 몸속의 노폐물을 걸러서 오줌을 만드는 기관.
❾ 주변에서 발생하는 자극을 받아들여 인식하게 해 주는 기관으로, 눈, 귀, 코, 혀, 피부가 있음.
❿ 몸속의 상태와 바깥 환경의 변화에 반응하고 적응하는 데 관여하는 신경 조직으로 이루어진 기관.

하루한장 앱은 이렇게 활용해요!

하루와 함께 잡는
바른 공부 습관

① 하루한장 앱 설치

먼저 교재 표지의 QR 코드를
찍어 하루한장 앱을 설치해요.

② 하루한장 앱 실행

교재를 등록한 후, 매일매일 학습을 끝내고
스마트폰으로 하루한장 앱을 열어요.

③ QR 코드 스캔

교재의 정답 확인
QR 코드를 찍어요.

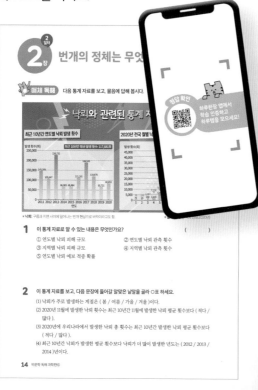

④ 학습 인증

학습 완료를 인증하고
하루템을 모아요.

하루템을 모두 모아 골든티켓이 생기면
하루랜드에서 선물로 교환할 수 있어요.

하루 한장 **독해**

비문학 독해

과학편 6단계 (5, 6학년)

www.mirae-n.com

학습하다가 이해되지 않는 부분이나 정오표 등의
궁금한 사항이 있나요?
미래엔 홈페이지에서 해결해 드립니다.

교재 내용 문의

나의 교재 문의 | 수학 과외쌤 | 자주하는 질문 | 기타 문의

교재 자료 및 정답

동영상 강의 | 쌍둥이 문제 | 정답과 해설 | 정오표

미래엔 N 맘
No.1 New Network
http://cafe.naver.com/mathmap

함께해요!
바른 공부법 캠페인

궁금해요!
교재 질문 & 학습 고민 타파

공부해요!
미래엔 에듀 초·중등 교재

참여해요!
선물이 마구 쏟아지는 이벤트

초등학교

학년   반   이름

하루한장 독해

비문학 독해

사회편 1단계~6단계   **과학편** 1단계~6단계

• 초등학교 사회·과학 교과 연계 주제 선정으로 학습 자신감을 기르는 독해
• 언어 환경에 따른 바른 정보 분석과 비판적 수용 능력을 기르는 독해
• 자기 주도적인 심화 학습이 가능한 블렌디드 러닝 독해

바른답·
알찬풀이

1장 마찰하면 전기가 생겨요

매체 독해
● 9쪽

★ 어떤 매체 자료일까요?
정전기로 인해 주유소에서 발생한 폭발 사고 소식을 전한 뉴스로, 이러한 사고를 예방할 수 있는 방법을 소개하고 있습니다.

1 ㉠, ㉡   **2** (1) × (2) ○ (3) ○

1 주유를 하기 전에 맨손을 정전기 방지 패드에 대서 정전기를 없애야 합니다.

2 겨울철은 습도가 낮기 때문에 정전기가 잘 발생한다고 하였습니다.

글 독해
● 10~12쪽

★ 어떤 글일까요?
정전기의 뜻과 정전기가 생기는 까닭, 생활에서 정전기를 이용하는 예 등을 설명한 글입니다.

★ 문단 요약
1문단	정전기의 뜻
2문단	정전기가 생기는 까닭
3문단	물체가 전하를 띠는 과정
4문단	우리 삶에 불편함을 주는 정전기
5문단	우리 삶에 편리함을 제공하는 정전기

1 정전기(마찰 전기)   **2** ④
3 ③
4 ㉠: 고무풍선, ㉡: 플라스틱 막대, ㉢: (+), ㉣: (-)
5 ④   **6** ⬜⬜⬜⬜ (첫 번째 ○)
7 ⑤

1 이 글은 정전기의 뜻과 정전기가 생기는 까닭, 일상에서 정전기를 이용하는 예 등을 소개하고 있습니다. 따라서 이 글의 중심 낱말은 '정전기(마찰 전기)'입니다.

2 정전기가 생기는 까닭은 2문단에, 정전기라고 부르는 까닭과 정전기의 다른 이름은 1문단에, 정전기가 이용되는 예는 5문단에 나와 있습니다.

3 2문단에서 마찰하기 전 물체가 전기를 띠지 않는 까닭을 설명하였습니다.

4 2문단에서 전자를 잃은 물체는 (+)전하를 띠고, 전자를 얻은 물체는 (-)전하를 띤다고 설명하였습니다.

5 2문단에서 원자는 (+)전하를 띠는 무거운 원자핵과 (-)전하를 띠는 가벼운 전자로 구성되어 있다고 설명하였습니다. 따라서 A는 전자이고, B는 원자핵입니다.

6 2문단에서 서로 다른 두 물체를 마찰할 때 전자가 이동하기 때문에 물체가 전기를 띠게 된다고 설명하였습니다.

7 5문단에서 글쓴이는 정전기가 우리에게 불편함만 주는 것이 아니라고 하였습니다. 정전기를 이용해서 만든 복사기, 공기 청정기, 터치스크린 같은 기계는 우리 삶에 편리함을 제공한다는 것이 글쓴이의 생각입니다.

하루 어휘
● 13쪽

1 (1) ㉢ (2) ㉠ (3) ㉣ (4) ㉡
2 (1) 헝겊 (2) 폭발 (3) 닦달
3 (1) ㉡ (2) ㉠ (3) ㉠ (4) ㉡

2 (1) '베·비단·무명 등의 천, 또는 천의 조각.'이라는 뜻을 지닌 낱말의 올바른 표기는 '헝겊'입니다.
(2) '불이 일어나며 갑작스럽게 터짐.'이라는 뜻을 지닌 낱말의 올바른 표기는 '폭발'입니다.
(3) '남을 단단히 윽박질러서 혼을 냄.'이라는 뜻을 지닌 낱말의 올바른 표기는 '닦달'입니다.

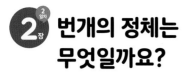

2장 번개의 정체는 무엇일까요?

매체 독해
● 14쪽

★ 어떤 매체 자료일까요?

기상청에서 발표한 낙뢰 관련 통계 자료입니다. 최근 10년간 연도별 낙뢰 발생 횟수와 2020년 전국 월별 낙뢰 발생 횟수를 알 수 있습니다.

1 ②
2 (1) 여름 (2) 많다 (3) 적다 (4) 2013

1 최근 10년간 연도별 낙뢰 발생 횟수에서 연도별 낙뢰 관측 횟수를 알 수 있습니다.

2 (1), (2)는 2020년 전국 월별 낙뢰 발생 횟수 자료에서, (3), (4)는 최근 10년간 연도별 낙뢰 발생 횟수 자료에서 확인할 수 있습니다.

글 독해
● 15~17쪽

★ 어떤 글일까요?

번개가 생기는 원리와 번개로 인한 피해를 막을 수 있는 방법을 소개한 글입니다.

★ 문단 요약

1문단	번개의 정체를 최초로 밝힌 플랭클린
2문단	번개를 잘 발생시키는 구름
3문단	번개가 생기는 원리
4문단	번개로 인한 피해를 막는 피뢰침
5문단	번개가 칠 때 대처 방법

1 번개　　　　　　**2** ②
3 ②　　　　　　　**4** ④
5 ㉠: (-)전하, ㉡: (+)전하　**6** ▢▢▢◯
7 ②

1 (나), (다) 문단에서는 번개가 생기는 원리를 설명하였고, (라), (마) 문단에서는 번개의 피해를 막을 수 있는 방법을 소개하였습니다.

2 (나) 문단에서 대기가 불안정할 때 구름이 급격하게 발달하면서 번개가 생긴다고 설명하였습니다.

3 (다) 문단에서는 번개가 생기는 원리를 현상이 일어난 순서에 따라 설명하고 있습니다.

4 프랭클린이 번개가 연에 떨어졌을 때 열쇠에 손을 댄 것은 몸에 전기가 통해 목숨을 잃을 수도 있는 매우 위험한 행동이므로 이 점을 비판할 수 있습니다.

5 (다) 문단에서 번개가 생기는 과정을 자세히 설명하였습니다.

6 (다) 문단에서 구름의 아래쪽 (-)전하와 지표면의 (+)전하 사이에 서로 끌어당기는 힘이 커져 방전이 일어난다고 설명하였습니다.

7 (마) 문단에서 번개가 칠 때 나무나 전봇대로부터 멀리 떨어져야 한다고 설명하였습니다.

하루 어휘
● 18쪽

1 (1) ㉠ (2) ㉣ (3) ㉢ (4) ㉡
2 (1) 동반하여 (2) 유인해 (3) 급격한
3 (1) 일종 (2) 정체 (3) 금속 (4) 벼락

3 (1) '기종'은 '기계의 종류.'의 뜻이고, '일종'은 '한 종류.'의 뜻입니다.
　(2) '정체'는 '참된 본디의 형체.'의 뜻이고, '천체'는 '우주에 존재하는 모든 물체.'의 뜻입니다.
　(3) '금속'은 '열이나 전기를 잘 전도하고, 펴지고 늘어나는 성질이 풍부하며, 특수한 광택을 가진 물질을 통틀어 이르는 말.'의 뜻이고, '부속'은 '주가 되는 것에 딸려 있는 것.'의 뜻입니다.
　(4) '나락'은 '벗어나기 어려운 절망적인 상황을 비유적으로 이르는 말.'의 뜻이고, '벼락'은 '공중의 전기와 땅 위의 물체에 흐르는 전기 사이에 방전 작용으로 일어나는 자연 현상.'의 뜻입니다.

직렬연결과 병렬연결

매체 독해
● 19쪽

★ 어떤 매체 자료일까요?
전기 회로, 전기 부품, 전기 회로에 불이 켜지는 조건을 정리한 수업 자료입니다.

1 전류

2 ( )( )(○)(○)

1 그림을 보면 전류가 전지의 (+)극에서 (-)극으로 흐른다는 것을 알 수 있습니다.

2 첫 번째 전기 회로는 전선의 연결이 끊겨 있어 전구에 불이 켜지지 않고, 두 번째 전기 회로는 전구가 전지의 (-)극에만 연결되어 있어 전구에 불이 켜지지 않습니다.

글 독해
● 20~22쪽

★ 어떤 글일까요?
전기 회로에서 전지의 직렬연결과 병렬연결, 전구의 직렬연결과 병렬연결의 특징을 설명한 다음, 직렬연결 회로와 병렬연결 회로의 쓰임에 대해 소개한 글입니다.

★ 문단 요약

1문단	전기 회로의 뜻
2문단	전지의 직렬연결과 병렬연결의 특징
3문단	전구의 직렬연결과 병렬연결의 특징
4문단	생활 속 직렬연결과 병렬연결의 쓰임

1 ③ **2** ⑤

3 (1) ㉡ (2) ㉠ **4** (1) 어둡다 (2) 밝다

5 ④, ⑤ **6** ④

7 (1) ○ (2) × (3) ○

1 이 글은 전지와 전구의 직렬연결과 병렬연결을 설명하면서 차이점을 비교하고 있습니다.

2 2문단에서 전지의 직렬연결은 전지 두 개 이상을 서로 다른 극끼리 연결하는 방법이라고 설명하였습니다.

3 2문단에서 전지의 직렬연결과 병렬연결 방법을 설명하였습니다. 리모컨 안의 전지는 직렬연결되어 있고, 마우스 안의 전지는 병렬연결되어 있습니다.

4 전지의 연결 방법에 따른 전구의 밝기는 2문단에서 설명하였고, 전구의 연결 방법에 따른 전구의 밝기는 3문단에서 설명하였습니다.

5 3문단에 전구의 연결 방법에 따른 특징이 설명되어 있습니다. ㉠은 전구를 직렬연결한 전기 회로이고, ㉡은 전구를 병렬연결한 전기 회로입니다.

6 전구를 직렬로만 연결하면 전구 하나가 고장이 났을 때 전구가 모두 꺼지게 된다는 단점이 있으므로 이를 막기 위해 직렬연결과 병렬연결을 혼합해서 사용합니다.

7 4문단에서 직렬연결과 병렬연결의 쓰임에 대해 설명하였습니다. 건물의 전기 배선은 병렬연결되어 있어 전기 기구들을 독립적으로 켜거나 끌 수 있습니다.

하루 어휘
● 23쪽

1 (1) 전류 (2) 부품 (3) 혼합

2 (1) ㉡ (2) ㉠ (3) ㉠

3 (1) ㉡ (2) ㉠ (3) ㉢

2 (1) '제거하다'는 '없애 버리다.'의 뜻이므로, '없애다'와 바꾸어 쓸 수 있습니다.

(2) '소비하다'는 '돈이나 물자, 시간, 노력 따위를 들이거나 써서 없애다.'의 뜻이므로 '써서 없애다.'의 뜻을 가진 '소모하다'와 바꾸어 쓸 수 있습니다.

(3) '연결하다'는 '사물과 사물을 서로 잇거나 현상과 현상이 관계를 맺게 하다.'의 뜻이므로 '실, 줄, 끈 따위의 이어진 것을 잘라 따로 떨어지게 하다.'의 뜻을 가진 '끊다'와 바꾸어 쓸 수 없습니다.

4장 차세대 전지

매체 독해
● 24쪽

★ 어떤 매체 자료일까요?
건전지를 사용할 때 주의할 점 10가지를 알려 주고 있는 안내 자료입니다.

1 ③　　　　　　**2** ⑤

1 이 자료는 건전지를 사용할 때 주의할 점 10 가지를 알려 주고 있습니다.

2 건전지는 분해하면 안 되고, 건조하고 서늘한 곳에 보관해야 합니다. 비닐 포장을 벗긴 채로 가방에 보관하지 않는 것이 좋으며, 건전지 교체 시 동시에 모두 교체하는 것이 좋습니다.

글 독해
● 25~27쪽

★ 어떤 글일까요?
세계 최초의 전지인 볼타 전지를 소개한 다음 다양한 차세대 전지들을 설명한 글입니다.

★ 문단 요약

1문단	전지의 뜻과 최초의 전지
2문단	볼타 전지 이후 개발된 다양한 전지
3문단	태양 전지의 장점과 단점
4문단	연료 전지의 장점과 단점
5문단	리튬 고분자 전지의 장점과 단점

1 전지　　　　　**2** ②
3 혜영　　　　　**4** ㉠: (태양의) 빛 ㉡: 전기
5 ④　　　　　　**6** ③, ④
7 ㉡, ㉢

1 1문단에서는 세계 최초의 전지인 볼타 전지, 3~5문단에서는 차세대 전지인 태양 전지, 연료 전지, 리튬 고분자 전지를 소개하고 있습니다.

2 ①은 3문단에, ③은 1문단에, ④는 2문단에, ⑤는 4문단에 설명되어 있습니다.

3 전압을 나타내는 단위인 V(볼트)는 세계 최초로 전지를 만든 볼타의 업적을 기리기 위해 볼타의 이름에서 따온 것입니다. 초기에 만든 볼타 전지는 무겁고 전압이 낮아 사람들이 사용하기 어려웠습니다.

4 3문단을 보면 태양 전지는 반도체를 이용하여 태양의 빛 에너지를 전기 에너지로 바꾸는 장치라고 나와 있습니다.

5 4문단에서 연료 전지는 수소 이외에도 천연가스, 메탄올 등 다양한 연료를 사용할 수 있다고 설명하였습니다.

6 4문단에서 연료인 수소를 생산하는 데 많은 비용이 들고, 수소를 안전하게 보관하고 운송하기가 어렵다는 단점이 있다고 설명하였습니다. 이러한 단점 때문에 연료 전지의 상용화가 어려운 것입니다.

7 5문단에서 리튬 고분자 전지는 금속 외장을 사용할 필요가 없으며, 외부 전원을 이용하여 충전해서 반영구적으로 사용할 수 있다고 설명하였습니다.

하루 어휘
● 28쪽

1 (1) ㉡ (2) ㉠ (3) ㉣ (4) ㉢
2 (1) ⎰ 발명 ⎱ 발견 (2) ⎰ 확보 ⎱ 확대 (3) ⎰ 주목 ⎱ 주의
3 (1) ② (2) ③ (3) ①

2 '발견'은 '미처 찾아내지 못하였거나 아직 알려지지 아니한 사물이나 현상, 사실 따위를 찾아냄.'이라는 뜻이고, '발명'은 '아직까지 없던 기술이나 물건을 새로 생각하여 만들어 냄.'이라는 뜻입니다. 청동기와 문자는 아직까지 없던 기술이나 물건에 해당하므로 '발명'이 적절하고, 보물은 미처 찾아내지 못한 사물에 해당하므로 '발견'이 적절합니다.

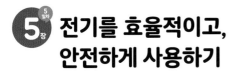

전기를 효율적이고, 안전하게 사용하기

매체 독해
• 29쪽

★ 어떤 매체 자료일까요?
전기 에너지 절약과 관련된 공익 광고입니다. 플러그를 뽑아서 대기 전력을 줄이자는 내용을 담고 있습니다.

1 ◎☐☐☐☐   **2** ①

1 두 공익 광고는 사용하지 않는 가전제품의 플러그를 뽑아서 전기 에너지를 절약하자는 내용을 담고 있습니다.

2 대기 전력으로도 전기 에너지가 소비되므로 대기 전력이 없는 가전제품을 구매하는 것이 전기 에너지를 절약하는 방법입니다.

글 독해
• 30~32쪽

★ 어떤 글일까요?
전기 에너지를 절약하는 방법과 전기를 안전하게 사용하는 방법을 설명하는 글입니다.

★ 문단 요약
1문단	전기 에너지를 절약해야 하는 까닭
2문단	전기 에너지를 절약하는 방법 ① - 에너지 소비 효율 등급
3문단	전기 에너지를 절약하는 방법 ② - 대기 전력
4문단	전기를 안전하게 사용해야 하는 까닭
5문단	전기를 안전하게 사용하는 방법

1 ②   **2** ②
3 ☐☐☐◎   **4** ⑤
5 ⑤   **6** ②
7 (1) ○ (2) ○ (3) × (4) ×

1 이 글에는 전기 안전과 관련된 법에 대한 내용이 나와 있지 않습니다. ①은 2문단에, ③은 2문단과 3문단에, ④는 5문단에, ⑤는 1문단에 설명되어 있습니다.

2 1문단에서 원자력과 같은 자원은 매장량이 한정되어 있다고 설명하였습니다.

3 2문단에서 에너지 효율의 뜻을 설명하였습니다.

4 이 냉장고는 에너지 소비 효율 등급이 1등급인 제품입니다. 1등급 제품은 5등급 제품과 비교했을 때 약 30~40 %의 에너지를 아낄 수 있다고 하였습니다.

5 2문단과 3문단에 전기 에너지를 절약하는 방법이 설명되어 있습니다. 3문단에서 냉장고에 음식을 가득 채우지 않으며 뜨거운 음식을 넣을 때에는 식혀서 넣어야 전기 에너지를 절약할 수 있다고 설명하였습니다.

6 5문단에서 한 개의 콘센트에 전기 기구를 동시에 많이 연결하면 전선에 너무 센 전류가 흐르게 되어 화재가 날 수 있다고 설명하였습니다.

7 전기 기구를 안전하게 사용하려면 정격 전압에 연결해서 사용해야 합니다. 피복이 벗겨진 전선은 합선의 위험이 있으므로 사용하지 않아야 합니다.

하루 어휘
• 33쪽

1 (1) ⓒ (2) ⓛ (3) ⓵
2 (1) 비 (2) 반 (3) 반 (4) 비
3 (1) 측면 (2) 등급 (3) 합선 (4) 수칙 (5) 한정

3 (1) '측면'은 '앞뒤에 대하여 왼쪽이나 오른쪽의 면.'의 뜻입니다.
(2) '등급'은 '높고 낮음이나 좋고 나쁨 따위의 차이를 여러 층으로 구분한 단계.'의 뜻입니다.
(3) '합선'은 '전기 회로의 두 점 사이의 절연이 잘 안되어서 두 점 사이가 접속되는 일.'의 뜻입니다.
(4) '수칙'은 '행동이나 절차에 관하여 지켜야 할 사항을 정한 규칙.'의 뜻입니다.
(5) '한정'은 '수량이나 범위 따위를 제한하여 정함. 또는 그런 한도.'의 뜻입니다.

6장 일차

도선 주위에서 나침반 바늘은 어떻게 될까요?

매체 독해
● 34쪽

★ 어떤 매체 자료일까요?
두 친구가 나눈 문자 메시지에서 전기 박물관과 관련된 정보를 확인할 수 있습니다.

1 ③   **2** 수, 10, 1

1 이 대화 내용에 전기 박물관의 주요 전시물에 대한 정보는 나와 있지 않습니다.

2 다음 주 수요일 오전 10시에 전기 박물관 앞에서 보기로 약속하였습니다. 지하철 출구 번호는 약도에 표시되어 있습니다.

글 독해
● 35~37쪽

★ 어떤 글일까요?
자기와 전기의 관련성을 설명하고, 전자석의 성질과 전자석을 이용한 제품을 소개한 글입니다.

★ 문단 요약

1문단	자기와 전기의 관련성
2문단	외르스테드가 발견한 사실
3문단	전자석의 성질
4문단	전자석을 이용한 제품

1 자석   **2** ④
3 ③   **4** ⑤
5 ①   **6** ③
7 ⑤

1 막대자석을 나침반에 가까이 가져가면 나침반 바늘이 움직이는 까닭은 나침반 바늘도 자석이기 때문입니다.

2 1문단에서 전류가 흐르는 도선 주위에 자석의 성질이 나타나기 때문이라고 하였습니다.

3 1문단에서 도선에 흐르는 전류의 방향을 바꾸는 방법을 설명하였습니다.

4 3문단에서 전자석을 처음 만든 사람은 영국의 과학자 스터전이라고 하였습니다.

5 전자석은 전류가 흐를 때만 일시적으로 자석의 성질이 나타납니다.

6 전동기는 전기 에너지를 일로 바꾸어 주는 장치로, 코일에 전류가 흐르면 자석의 성질이 나타나는 것을 이용해서 만든 것입니다.

7 4문단에서 전자석 기중기 안에 들어 있는 자석은 전자석이라고 하였습니다.

하루 어휘
● 38쪽

1 (1) ㉃ (2) ㉁ (3) ㉂
2 (1) 전세방 (2) 횟수 (3) 대가 (4) 찻간
3 (1) ㉃ (2) ㉁ (3) ㉂

2 한자어와 한자어가 결합한 경우에는 사이시옷을 쓸 수 없습니다. 그런데 예외적으로 사이시옷이 들어가는 단어가 있는데, '곳간, 셋방, 찻간, 툇간, 숫자, 횟수'입니다.

신나는 퍼즐 퍼즐
● 39쪽

가로 열쇠
❶ 물체가 띠고 있는 정전기의 양.
❸ 무거운 물건을 들어 올려 아래위나 수평으로 이동시키는 기계.
❹ 전지나 전기를 띤 물체에서 전기가 외부로 흘러나오는 현상.
❻ 물체에 대전체(전기를 띠는 물체)를 가까이 하면 대전체와 가까운 쪽에는 대전체와 반대 종류의 전하가 모이고, 먼 쪽에는 대전체와 같은 종류의 전하가 모이는 현상.
❿ 전기 회로에서 전지 두 개 이상을 서로 다른 극끼리 연결하는 방법.
⓫ 물질 안에서 흐르는 전기.

세로 열쇠
❶ 전기 에너지로부터 회전력을 얻는 기계.
❷ 전원을 꺼 둔 상태에서도 전기 제품이 자체적으로 소모하는 전력.
❸ 쇠붙이를 끌어당기거나 남북을 가리키는 등 자석이 갖는 작용이나 성질.
❼ 전류가 흐르는 도선 주위에 자석의 성질이 나타나는 것을 이용하여 만든 자석.
❾ 전기 회로에서 전지 두 개 이상을 서로 같은 극끼리 연결하는 방법.
⓫ 전기가 통하고 있는 물체에 몸이 닿아 충격을 받음.

바른답·알찬풀이 **7**

주제 **2** 재미있는 기체 이야기

1 ⁷장 우리 몸에 꼭 필요한 산소

매체 독해
● 41쪽

★ **어떤 매체 자료일까요?**

심폐 소생술의 중요성과 심폐 소생술 방법을 알려 주는 포스터입니다.

1 ▢ⓞ▢▢ **2** ②

1 심폐 소생술은 급박한 심정지 환자가 발생했을 때 산소가 뇌로 공급되도록 조치해 주는 방법입니다.

2 환자 가슴의 중앙 부위를 약 5 cm 깊이로 분당 100~120회 정도 압박해야 하고, 구급차가 올 때까지 중단 없이 시행해야 합니다.

글 독해
● 42~44쪽

★ **어떤 글일까요?**

생명 유지에 꼭 필요한 산소의 성질을 설명한 다음, 산소가 이용되는 사례, 산소의 유용성과 유해성을 밝힌 글입니다.

★ **문단 요약**

1문단	생명 유지에 꼭 필요한 산소
2문단	다른 물질과 잘 반응하는 산소
3문단	산소가 다른 물질과 잘 반응하는 예
4문단	다른 물질이 타도록 돕는 산소
5문단	산소의 유용성과 유해성

1 산소 **2** ③
3 ③ **4** ①
5 ⑤ **6** ⓑ, ⓒ
7 ⑤

1 이 글은 산소의 성질과 산소가 이용되는 사례 및 산소의 유용성과 유해성을 언급한 글입니다.

2 산소 외에 공기를 구성하는 성분에 대한 설명은 이 글에서 찾을 수 없습니다.

3 산소는 생명 유지와 관련된 분야뿐만 아니라 산업에서도 중요하게 활용됩니다.

4 (다) 문단에서는 과일의 갈변, 일회용 손난로, 금속 용접 등 산화가 일어나는 구체적인 예를 제시하고 있습니다.

5 녹은 철이 산소와 결합해서 생기는 것입니다. 철로 된 물건에 기름이나 페인트를 칠하면 철이 공기 중의 산소와 직접 닿는 것을 막아 녹이 생기는 것을 줄일 수 있습니다.

6 산소는 다른 물질이 잘 타도록 돕는 기체입니다. 따라서 화재를 진압하기 위해서는 산소를 차단해야 합니다.

7 제시된 글은 활성 산소가 우리 몸에 나쁜 영향을 끼친다는 내용을 담고 있습니다. 따라서 (마) 문단에서 해로운 산소에 대한 내용을 보충하여 설명할 때 활용할 수 있습니다.

하루 어휘
● 45쪽

1 (1) 불연성 (2) 용접 (3) 갈변
2 (1) 떼다 ↔ 걸다 (2) 유용하다 ↔ 무용하다
   (3) 유해하다 ↔ 유익하다
1 (1) ㉠ (2) ㉡ (3) ㉠ (4) ㉡

2 (2) '유용하다'는 '쓸모가 있다.'의 뜻이고, '무용하다'는 '쓸모가 없다.'의 뜻으로 서로 뜻이 반대인 낱말로 볼 수 있습니다.
   (3) '유해하다'는 '해로움이 있다.'의 뜻이고, '유익하다'는 '이롭거나 도움이 될 만한 것이 있다.'의 뜻으로 서로 뜻이 반대인 낱말로 볼 수 있습니다.

2장 8 이산화 탄소의 두 얼굴

매체 독해
● 46쪽

★ 어떤 매체 자료일까요?

지구 온난화로 인해 북극곰의 안식처인 빙하가 사라지고 있음을 알려 주는 공익 광고입니다.

1 ☐ ○ ☐　　　**2** (1) × (2) ○ (3) ○

1 '북극곰의 안식처인 빙하가 사라지고 있습니다.', '북극곰들의 집은 줄어듭니다.'라는 두 문장에서 북극곰의 안식처인 빙하가 사라지고 있다는 것을 알 수 있습니다.

2 두 공익 광고는 북극곰의 안식처인 빙하가 녹지 않도록 우리의 노력이 필요하다는 것을 전달하고 있습니다. 북극곰이 새로운 안식처를 찾아야 한다는 내용은 이 광고와는 관련이 없습니다.

글 독해
● 47~49쪽

★ 어떤 글일까요?

이산화 탄소가 생물의 생명 유지에 필요한 기체라는 것과 지구 온난화의 주범이라는 것을 설명한 후, 이산화 탄소를 올바르게 이해하고 적절하게 이용해야 함을 강조한 글입니다.

★ 문단 요약

1문단	이산화 탄소에 대한 부정적 시각
2문단	생물의 생명 유지에 필요한 이산화 탄소
3문단	온실가스 중 하나인 이산화 탄소
4문단	지구 온난화의 주범으로 지목되는 이산화 탄소
5문단	지구 온난화로 인한 영향과 해결 방안
6문단	이산화 탄소를 현명하게 이용하는 지혜의 필요성

1 ④　　　　　**2** ⑤
3 이산화 탄소　**4** ⑤
5 ㉮　　　　　**6** ①
7 소율

1 글쓴이는 이산화 탄소가 생물의 생명 유지에 필요한 기체라는 것과 지구 온난화의 주범이라는 것을 설명한 후, 이산화 탄소에 대한 올바른 이해를 바탕으로 현명하게 이용하는 지혜가 필요함을 강조하고 있습니다. 따라서 이 글의 제목으로는 '두 얼굴을 가진 기체, 이산화 탄소'가 가장 적절합니다.

2 1문단에서는 이산화 탄소가 지구 생태계에 악영향을 끼치기 때문에 일반적으로 사람들은 이산화 탄소에 대한 부정적 시각을 가지고 있다는 내용을 제시한 다음, 이에 대해 의문을 제기하며 글을 시작하고 있습니다.

3 이산화 탄소는 공기 중 0.03 %를 차지하고 있으며, 숨 쉴 때마다 배출되는 기체입니다. 또, 화석 연료를 태울 때 가장 많이 배출되는 기체로 지구 온난화의 주범으로 지목되고 있습니다.

4 3문단에서 이산화 탄소와 같은 온실가스가 없다면 지구의 평균 기온이 낮아져 많은 생명체가 살지 못하게 될 것이라고 언급하였습니다.

5 제시된 글에는 이산화 탄소 발생을 줄이기 위한 방법이 나와 있습니다. 따라서 ㉮에 들어가는 것이 적절합니다.

6 4문단에서 산업 혁명 이후 화석 연료의 사용이 늘어나 이산화 탄소 발생량이 증가하자 온실가스 층이 두꺼워지면서 지구의 평균 기온이 올라갔다고 설명하고 있습니다. 그러므로 산업 혁명의 과정에 대해 찾아보는 것은 이 글의 내용과 어울리지 않습니다.

7 이 글에서 지구 온난화는 나날이 심각해지고 있는 전 지구적 문제라고 하였으므로 지구 온난화는 앞으로 지속될 것이라는 추측이 더 적절합니다.

하루 어휘
● 50쪽

1 (1) ㉢ (2) ㉠ (3) ㉡
2 (1) 멸종한 (2) 시급하게 (3) 발휘하여
3 (1) ㉡ (2) ㉠ (3) ㉡ (4) ㉠

9일차

3장 질소는 어디에 쓰일까요?

매체 독해

★ 어떤 매체 자료일까요?
밀폐된 공간에서 질소 흡입의 위험성을 알려 주는 기사입니다.

1 질소	2 ④

1 기사에 '질소로 가득한 밀폐 공간에 들어갈 경우 단시간에 산소 결핍에 도달해 의식과 목숨을 잃게 된다.'라는 내용이 나와 있으므로 ㉠에 들어갈 기체는 '질소'입니다.

2 질소 자체는 독성이 없지만, 밀폐된 공간에서 질소의 농도가 높아지면 산소의 농도가 떨어지므로 단시간에 산소 결핍에 도달해 의식과 목숨을 잃을 수 있다고 하였습니다.

글 독해
● 52~54쪽

★ 어떤 글일까요?
질소의 성질과 이름의 유래를 설명한 후, 다양한 분야에서 질소가 이용되는 사례를 소개하고 있습니다.

★ 문단 요약

1문단	질소의 성질과 이름의 의미
2문단	'질소'라는 이름의 유래
3문단	질소의 이용 ① - 과자 봉지 안 충전제
4문단	질소의 이용 ② - 자동차의 에어백
5문단	질소의 이용 ③ - 액체 질소의 이용

1 ①	2 ①
3 ⑤	4 ⓐ, ⓒ
5 ⑤	6 은우
7 ⑤	

1 이 글은 질소라는 이름의 뜻과 질소의 성질을 설명한 후, 질소가 다양한 분야에서 이용되는 예를 소개하고 있습니다.

2 1문단에서는 질소의 '질'이라는 한자가 '막혀 있다'라는 뜻으로 '호흡을 할 수 없다'라는 의미를 가지고 있음을 설명하고 있습니다. 이 의미는 라부아지에의 실험에서 나왔다는 것을 2문단에서 소개하고 있습니다. 따라서 1~2문단에서는 중심 화제인 '질소'의 어원을 밝히며 글을 시작하고 있습니다.

3 질소는 공기의 약 78 %를 차지하므로 공기 중에 가장 높은 비율을 차지하는 기체입니다.

4 에어백을 부풀게 하는 질소는 기체 질소이고, 저온학 연구에는 액체 질소가 이용됩니다.

5 3문단에서 질소는 과자와 산소의 접촉을 방지하여 처음 상태의 맛을 유지하게 해 주고, 원래의 형태를 보호해 준다고 나와 있습니다.

6 사고가 나면 전기 센서에서 충격을 감지하여 전기 신호를 보냅니다. 그러면 점화 장치가 작동하여 아지드화 나트륨을 폭발시키고, 이때 발생한 많은 양의 질소 기체가 에어백에 채워지면서 순간적으로 에어백이 부풀어 오릅니다.

7 ㉠과 ⑤의 '채우다'는 '일정한 공간에 사람, 사물 등을 가득하게 하다.'라는 뜻입니다. ①은 '만족하게 하다.', ②는 '수갑을 팔목에 끼우게 하다', ③은 '단추를 구멍 같은 데에 넣어 걸다.', ④는 '정한 수량, 나이, 기간 따위가 다 되게 하다.'라는 뜻입니다.

하루 어휘
● 55쪽

1 (1) ⓒ (2) ⓛ (3) ㉠
2 (1) 반 (2) 비 (3) 반 (4) 비
3 (1) ① (2) ① (3) ② (4) ②

2 '팽창하다'는 '부풀어서 부피가 커지다.'의 뜻이고, '수축하다'는 '부피나 규모가 줄다.'의 뜻이므로 두 낱말은 뜻이 반대되는 말입니다.

4장 10일차

하늘로 올라간 풍선은 어떻게 될까요?

매체 독해
● 56쪽

★ 어떤 매체 자료일까요?
열기구 체험을 소개하는 광고문입니다.

---

1 (1) × (2) × (3) ○ (4) ○
2 ②

---

1 열기구는 오전과 오후에 운행하며, 애완동물을 동반하여 탑승할 수 없다고 나와 있습니다.

2 열기구의 풍선 속 기체를 가열하면 기체의 부피가 커져 열기구가 위로 떠오르게 된다고 설명하였습니다.

글 독해
● 57~59쪽

★ 어떤 글일까요?
압력에 따른 기체의 부피 변화와 온도에 따른 기체의 부피 변화를 생활 속 경험의 예를 들어 설명하고 있습니다.

★ 문단 요약

1문단	하늘 높이 올라간 풍선이 터지는 까닭에 대한 궁금증
2문단	하늘 높이 올라간 풍선이 터지는 까닭
3문단	보일 법칙
4문단	뜨거운 음식이 든 그릇이 식탁 위에서 움직이는 까닭
5문단	샤를 법칙

---

1 보일 법칙, 샤를 법칙
2 ⑤
3 ㉠: 압력, ㉡: 온도
4 ④
5 작아, 작아, 멀어, 늘어난, 커
6 (1) 샤 (2) 보 (3) 샤 (4) 보 (5) 샤
7 ②

---

1 이 글은 2~3문단에서 '보일 법칙'을 설명하고, 4~5문단에서 '샤를 법칙'을 설명하고 있습니다.

2 이 글은 '보일 법칙'과 '샤를 법칙'에 대해 구체적인 예를 들어 설명하고 있습니다.

3 3문단의 첫 문장에서 압력에 따른 기체의 부피 변화를, 5문단의 앞 내용은 온도에 따른 기체의 부피 변화를 설명하고 있습니다.

4 2문단에서 기체에 압력을 가하면 기체 입자 사이의 거리가 가까워진다고 설명하였습니다.

5 헬륨 풍선이 하늘 위로 올라가면 결국 터지는 까닭은 2문단에 제시되어 있습니다.

6 (1), (3), (5)는 샤를 법칙, (2), (4)는 보일 법칙과 관련이 있습니다.

7 찌그러진 탁구공을 뜨거운 물에 담그면 펴지는 까닭은 탁구공 속 기체 입자들의 움직임이 빨라져 부피가 늘어나기 때문입니다.

하루 어휘
● 60쪽

1 (1) ㉢ (2) ㉠ (3) ㉡
2 (1) 흡수하는 (2) 착지하여 (3) 미세한
3 (1) ㉢ (2) ㉠ (3) ㉣ (4) ㉡

---

3 '나날이'는 '매일매일 조금씩.', '거의'는 '어느 한도에 매우 가까운 정도로.', '저절로'는 '다른 힘을 빌리지 아니하고 제 스스로.', '널리'는 '범위가 넓게.'의 뜻입니다.

신나는 퍼즐 퍼즐
● 61쪽

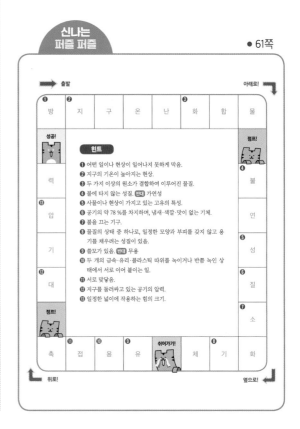

힌트
❶ 어떤 일이나 현상이 일어나지 못하게 막음.
❷ 지구의 기온이 높아지는 현상.
❸ 두 가지 이상의 원소가 결합하여 이루어진 물질.
❹ 불에 타지 않는 성질. 비슷 가연성
❺ 사물이나 현상이 가지고 있는 고유의 특성.
❻ 공기의 약 78 %를 차지하며, 냄새·색깔·맛이 없는 기체.
❼ 불을 끄는 기구.
❽ 물질의 상태 중 하나로, 일정한 모양과 부피를 갖지 않고 용기를 채우려는 성질이 있음.
❾ 쓸모가 없음.
❿ 두 개의 금속·유리·플라스틱 따위를 녹이거나 반쯤 녹인 상태에서 서로 이어 붙이는 일.
⓫ 서로 맞닿음.
⓬ 지구를 둘러싸고 있는 공기의 압력.
⓭ 일정한 넓이에 작용하는 힘의 크기.

1장 **지구의 자전**
11 일차

매체 독해
● 63쪽

★ 어떤 매체 자료일까요?

지전설의 뜻을 설명하고 지전설을 주장한 학자들을 소개하고 있는 어린이 백과사전입니다.

1 지전설　　　**2** (1) ○ (2) × (3) ○

1 이 백과사전은 지전설의 뜻을 설명한 다음 지전설을 주장한 학자들을 소개하고 있으므로 중심 낱말로 적절한 것은 '지전설'입니다.

2 박지원은 청나라 학자들에게 홍대용의 지전설을 소개하였습니다.

글 독해
● 64~66쪽

★ 어떤 글일까요?

하루의 길이가 지구의 자전과 관련되어 있음을 설명한 다음, 지구의 자전으로 인해 나타나는 현상 등에 대해 설명한 글입니다.

★ 문단 요약

1문단	하루가 24시간인 이유와 지구의 자전
2문단	지구의 자전으로 나타나는 현상 ① - 낮과 밤
3문단	지구의 자전으로 나타나는 현상 ② - 태양, 달, 별의 움직임
4문단	태양계 행성의 자전
5문단	지구의 자전 주기가 일 년으로 길어진다면 생기는 일

1 ②　　　　　　**2** ⑤
3 ②　　　　　　**4** ③
5 ⑤　　　　　　**6** 보연
7 (1) ○ (2) × (3) ×

1 이 글은 지구의 자전 주기를 비롯하여 지구의 자전으로 나타나는 다양한 현상들을 소개하고 있습니다.

2 하루의 길이는 지구가 자전축을 중심으로 한 바퀴 도는 시간에 따라 결정됩니다.

3 지구는 자전 주기가 24시간, 즉 1일입니다. 수성은 자전 주기가 58일이므로 수성의 자전 주기가 지구보다 짧다는 표현은 적절하지 않습니다.

4 지구에서 태양을 보면 태양이 동쪽에서 서쪽으로 움직이는 것처럼 보입니다. 지구의 자전 방향과 반대로 회전하는 행성인 금성과 천왕성에서 태양을 보면, 태양이 지구에서 보는 것과 반대로 움직이는 것처럼 보일 것입니다.

5 3문단에서 태양은 사실 움직이지 않고, 지구가 서쪽에서 동쪽으로 돌기 때문에 태양이 동쪽에서 서쪽으로 움직이는 것처럼 보인다고 하였습니다.

6 (가) 지역이 밤이 되려면 지구가 반 바퀴만 돌면 되기 때문에 약 12시간 정도가 필요합니다. 24시간이 지나면 다시 낮이 됩니다.

7 지구의 자전 주기가 일 년으로 길어진다면 태양 빛을 받는 쪽인 낮이 6개월, 태양 빛을 받지 못하는 쪽인 밤이 6개월 동안 각각 지속되어 낮과 밤의 온도 차이가 현재보다 더 심해질 것이며, 동식물은 지금보다 살기 더 어려워질 것입니다.

하루 어휘
● 67쪽

1 (1) 지평선 (2) 극단적 (3) 가상
2 (1) 자전축 - ⓒ (2) 중심축 - ⓒ
　　(3) 회전축 - ㉠
3 (1) ㉠ (2) ⓒ (3) ⓒ

3 '걸리다'의 중심 의미는 '어떤 물체가 떨어지지 않고 벽이나 못 따위에 매달리다.'입니다. ㉠, ⓒ, ⓒ은 모두 중심 의미에서 확장된 의미인 주변 의미입니다.

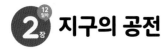

2장 12 일차 지구의 공전

● 68쪽

매체 독해

★ 어떤 매체 자료일까요?
여름철 별자리인 헤르쿨레스자리와 거문고자리의 전설을 알려 주는 인터넷 자료입니다.

1 ☐ ○ ☐ ☐   **2** (1) ㉡ (2) ㉠

1 헤르쿨레스자리와 거문고자리는 여름철 별자리로, 여름에 가장 잘 볼 수 있습니다.

2 헤르쿨레스자리는 위험한 모험을 하는 헤라클레스의 모습이고, 거문고자리는 슬프고 아름다운 음악이 흘러나오는 거문고를 하늘에 올린 모습입니다.

글 독해

● 69~71쪽

★ 어떤 글일까요?
일 년의 길이가 지구의 공전과 관련되어 있음을 설명한 다음, 지구의 공전으로 인해 나타나는 현상에 대해 설명한 글입니다.

★ 문단 요약

1문단	지구의 공전
2문단	지구의 공전으로 나타나는 현상 ① - 볼 수 있는 별자리의 변화
3문단	지구의 공전으로 나타나는 현상 ② - 태양, 별의 위치 변화
4문단	지구의 공전으로 나타나는 현상 ③ - 별의 시차
5문단	지구의 공전으로 나타나는 현상 ④ - 계절의 변화

1 ⑤   **2** ④
3 ⑤   **4** ②
5 ( )(○)( ) **6** ③
7 원재

1 이 글은 지구의 공전과 그로 인해 생기는 다양한 현상을 설명하고 있습니다.

2 이 글에서는 태양계 다른 행성의 공전 주기는 나와 있지 않습니다.

3 (가) 문단은 지구의 공전에 대해 소개하는 도입 문단입니다. (나), (다), (라), (마) 문단은 지구의 공전으로 생기는 현상들을 설명하고 있으므로 병렬적으로 배치됩니다.

4 (마) 문단에서 지구의 자전축이 기울어진 채로 공전하기 때문에 계절의 변화가 나타난다고 하였습니다. 그러므로 지구의 자전축이 기울어져 있지 않은 채로 공전한다면, 계절의 변화가 나타나지 않을 것입니다.

5 (나) 문단에서 지구가 공전을 하고 있기 때문에 지구의 위치에 따라 태양이 보이는 위치가 달라져서 밤하늘에서 볼 수 있는 별자리가 달라진다고 하였습니다.

6 제시된 내용은 천체의 연주 운동에 대한 설명입니다. 지구의 공전 때문에 태양과 별이 지구 주위를 일 년의 주기로 움직이는 것처럼 보인다는 내용을 담고 있는 (다) 문단 뒤에 추가되는 것이 가장 적절합니다.

7 태양이 사자자리 쪽에 있으면 사자자리가 태양 빛에 가려지므로 우리는 사자자리를 볼 수 없습니다.

하루 어휘

● 72쪽

1 (1) ⎰(   )⎱ (2) ⎰(   )⎱ (3) ⎰(   )⎱
        ⎰(○)⎱   ⎰(○)⎱   ⎰(○)⎱
2 (1) 기울다 - 쏠리다 (2) 측정하다 - 재다
    (3) 가리다 - 막히다
3 (1) ㉠ (2) ㉡ (3) ㉢

3 (1)과 ㉠의 '돌다'는 '물체가 일정한 축을 중심으로 원을 그리면서 움직이다.', (2)와 ㉡의 '돌다'는 '기능이나 체제가 제대로 작용하다.', (3)과 ㉢의 '돌다'는 '기억이나 생각이 얼른 떠오르지 아니하다.'의 뜻입니다.

3장 13 일차 **달은 왜 같은 면만 보일 까요?**

매체 독해
• 73쪽

★ 어떤 매체 자료일까요?
달 탐사의 주요 역사적 흐름을 알려 주는 포스터입니다.

1 (1) × (2) × (3) ○ **2** ⓒ → ㉠ → ㉡ → ㉢

1 현재도 달 탐사는 활발하게 진행되고 있습니다. 우리나라는 아직 달 착륙선을 발사하지 않았지만, 달 궤도선을 발사하고 기술이 확보되면 발사할 예정입니다.

2 ㉠은 1969년에, ㉡은 1990년에, ⓒ은 1966년에, ㉢은 2019년에 일어난 일입니다.

글 독해
• 74~76쪽

★ 어떤 글일까요?
달이 지구를 공전함에 따라 모양이 달라진다는 것을 소개하고, 우리가 달의 같은 면만 보는 까닭을 설명한 글입니다.

★ 문단 요약

1문단	달의 모양 변화
2문단	달의 모양에 따른 이름
3문단	달의 같은 면만 보이는 까닭
4문단	달의 자전 주기와 공전 주기가 같은 까닭
5문단	달의 뒷면 탐사와 특징

1 ⑤   **2** ①
3 ( )( )(○)   **4** ①
5 ④   **6** (1) × (2) ○ (3) ○
7 ⑤

1 (마) 문단은 달의 뒷면을 촬영하거나 탐사한 탐사선, 달의 뒷면의 모습 등 달의 뒷면에 대해서 설명했습니다.

2 달도 자전을 하므로 낮과 밤이 바뀐다는 것을 알 수 있습니다.

3 지구에서 달을 볼 때 달의 모양이 달라 보이는 까닭은 (가) 문단에서 확인할 수 있습니다.

4 우리가 보고 있는 달의 모습이 항상 같은 이유는 달의 자전 주기와 공전 주기가 같기 때문입니다.

5 제시된 내용은 달의 자전 주기와 공전 주기가 같아진 까닭을 더 쉽게 풀어 설명하고 있으므로, 달의 자전 주기와 공전 주기가 같은 까닭에 대해 설명한 (라) 문단과 관련 있습니다.

6 달의 뒷면은 고지대가 많고 울퉁불퉁합니다. 달의 뒷면은 수많은 운석 충돌의 흔적으로 추정되는 크레이터가 많이 있습니다.

7 (나) 문단에 따르면 ⓐ는 삭, ⓑ는 상현달, ⓒ는 보름달, ⓓ는 하현달입니다. 초승달은 ⓐ와 ⓑ 사이에 있는 달이고, 그믐달은 ⓐ와 ⓓ 사이에 있는 달입니다.

하루 어휘
• 77쪽

1 (1) 방아 (2) 크레이터 (3) 반사
2 (1) ㉡ (2) ㉠ (3) ⓒ
3 (1) { 삯 / 삭 } (2) { 찧었다 / 찢었다 } (3) { 느리다 / 늘이다 }

3 (1) '삯'은 '일한 데 대한 품값으로 주는 돈이나 물건.'의 뜻입니다.
(2) '찧다'는 '곡식 따위를 잘게 만들려고 절구에 담고 공이로 내리치다.'의 뜻이고, '찢다'는 '물체를 잡아당기어 가르다.'의 뜻입니다.
(3) '느리다'는 '어떤 동작을 하는 데 걸리는 시간이 길다.'의 뜻이고, '늘이다'는 '본디보다 더 길어지게 하다.'의 뜻입니다.

4장 밀물과 썰물은 왜 생길까요?

매체 독해
● 78쪽

★ 어떤 매체 자료일까요?

제부도에서 체험한 바다 갈라짐 현상 사진을 기록한 종훈이의 누리 소통망(SNS)입니다.

1 ○ □ ○   2 밀물, 썰물

1 경기도 화성시의 제부도, 전라남도의 진도, 인천의 실미도 등 우리나라의 남해안과 서해안에서 바다 갈라짐 현상을 많이 볼 수 있습니다.

2 바다 갈라짐 현상은 밀물일 때 바닷물이 들어오면 땅이 잠겨 있다가, 썰물일 때 바닷물이 빠지면 땅이 드러나서 바다가 갈라지는 것처럼 보이는 현상입니다.

글 독해
● 79~81쪽

★ 어떤 글일까요?

밀물과 썰물에 대해 소개하고, 밀물과 썰물이 발생하는 원인을 설명한 글입니다.

★ 문단 요약

1문단	밀물과 썰물로 인한 바다 갈라짐 현상
2문단	밀물과 썰물이 발생하는 원인
3문단	태양, 지구, 달의 위치에 따른 조차의 차이
4문단	지구와 달 사이의 거리가 달라졌을 때의 예측

1 ①   2 ②
3 ②   4 (○)(   )(   )
5 ②   6 ⑤
7 (1) ○ (2) × (3) ○

1 이 글은 밀물과 썰물을 소개하면서 밀물과 썰물이 일어나는 원인을 설명하고 있습니다. 따라서 이 글에서 설명하는 중심 대상은 '밀물과 썰물'입니다.

2 특정 현상의 문제점을 문답의 형식으로 소개하는 부분은 이 글에 나타나지 않습니다.

3 태양은 달보다 멀리 떨어져 있어서 영향이 적지만 인력이 작용합니다.

4 인력은 두 물체 사이에 작용하는 힘으로, 두 물체 사이의 거리가 가까워지면 커집니다. 원운동을 하는 물체가 바깥쪽으로 나아가려는 힘은 원심력입니다.

5 ㉠에서는 지구의 자전에 따른 원심력에 의해 밀물이 발생합니다. 그리고 달과 마주 보는 곳인 ㉡에서는 달의 인력에 의해 밀물이 발생합니다.

6 3문단에 따르면 태양은 달보다 질량이 훨씬 더 크지만 지구와의 거리가 너무 멀기 때문에 밀물과 썰물에 미치는 영향이 달에 비해 적다고 나와 있습니다.

7 (1), (3) 지구와 달 사이의 거리가 지금보다 가까울 경우, 조차가 너무 커져서 많은 육지가 바다에 잠겼다가 나올 것입니다. (2) 지구와 달 사이의 거리가 지금보다 멀 경우, 간조와 만조의 차이가 작아져서 지구의 바닷물이 충분히 섞이지 못할 것입니다.

하루 어휘
● 82쪽

1 (1) ㉠ (2) ㉡ (3) ㉢
2 (1) 잇몸 (2) 바닷물 (3) 뒷머리 (4) 아랫마을
3 (1) 뜨다 ↔ 가라앉다 (2) 갈라지다 ↔ 결합하다 (3) 밀다 ↔ 당기다

2 순우리말 두 단어가 합쳐져 하나의 낱말이 될 때, 앞말이 모음으로 끝나고 뒷말의 첫소리 'ㄴ, ㅁ' 앞에서 'ㄴ' 소리가 덧날 경우 'ㅅ'을 첨가하여 표기합니다.

5장 태양이 달 뒤에 숨어요

매체 독해 • 83쪽

> ★ 어떤 매체 자료일까요?
> 어제 발생했던 부분 일식을 보도하는 내용의 뉴스 화면입니다.
>
> 1 부분 일식   2 도윤

1 이 뉴스에 따르면, 부분 일식은 어제 서울 지역 기준 오후 3시 53분부터 2시간 동안 발생했습니다.

2 우리나라에서 볼 수 있는 다음 일식이 2030년입니다. 전 세계에서 볼 수 있는 다음 일식에 대해서는 나와 있지 않습니다.

글 독해 • 84~86쪽

> ★ 어떤 글일까요?
> 이 글은 일식을 소개하고, 개기 일식, 부분 일식, 금환 일식에 대해 설명하고 있습니다. 또한 일식을 관찰할 때 주의해야 할 점을 알려 주고 있습니다.
>
> ★ 문단 요약
>
> | 1문단 | 일식과 이에 대한 조상들의 생각 |
> |---|---|
> | 2문단 | 일식이 일어나는 원리와 종류 |
> | 3문단 | 개기 일식의 특징 |
> | 4문단 | 부분 일식과 금환 일식 |
> | 5문단 | 일식을 관찰할 때 주의해야 할 점 |
>
> 1 일식   2 ⑤
> 3 ⑤   4 슬기
> 5 ①   6 ③
> 7 (1) ○ (2) ○ (3) ✕

1 이 글은 달이 태양을 가리는 일식을 소개하고, 일식이 일어나는 원리와 일식의 종류에 대해 설명하는 글입니다. 따라서 이 글의 중심 낱말은 '일식'입니다.

2 (마) 문단은 일식을 관찰할 때 주의할 점에 대해 설명하고 있습니다. 일식을 관찰할 수 있는 날에 대한 내용은 나와 있지 않습니다.

3 '밤처럼', '초승달처럼', '마치 금반지처럼'과 같이 비유적 표현을 사용하여 대상을 효과적으로 설명하고 있습니다.

4 일식이 일어나는 이유는 (나) 문단에서 설명하고 있습니다. 지구와 달이 공전 궤도를 따라 운동하다가 태양-달-지구의 순서로 일직선 위에 놓일 때가 있는데, 이때 달이 태양의 전부 또는 일부를 가리면 일식이 일어납니다.

5 달이 태양의 일부를 가릴 때 발생하는 것은 부분 일식에 해당하는 설명입니다.

6 ㉠은 금환 일식, ㉡은 부분 일식, ㉢은 개기 일식입니다. 부분 일식은 달이 태양의 일부분을 가린 것이고, 개기 일식은 달이 태양을 완전히 가린 것입니다. 금환 일식은 지구에서 겉으로 보이는 달의 크기가 태양보다 작을 때 일어납니다.

7 (마) 문단에서 태양 전용 필터를 끼우지 않고 망원경, 쌍안경으로 직접 관측하면 매우 위험하다고 하였습니다.

하루 어휘 • 87쪽

> 1 (1) ㉠ (2) ㉡ (3) ㉢
> 2 (1) ㉢ (2) ㉡ (3) ㉠
> 3 (1) { 닿는 / 닫는 (2) { 궤도 / 괘도 (3) { 가량 / 가령

3 (2) '궤도'는 '행성 등이 중력의 영향을 받아 다른 천체의 둘레를 돌면서 그리는 곡선의 길.'을, '괘도'는 '벽에 걸어 놓고 보는 학습용 그림이나 지도.'를 뜻합니다.

  (3) '가량'은 수량을 나타내는 말 뒤에서 '정도'의 뜻을 더하는 말입니다. '가령'은 '가정하여 말하여.'를 뜻합니다.

6장 16 일차 보름달이 점점 사라져요

★ 어떤 매체 자료일까요?

오늘 밤에 발생할 개기 월식과 관련된 내용의 인터넷 기사입니다.

1 7, 35, 10, 51 **2** ⑤

1 인터넷 기사에서 달이 오후 7시 35분에 뜨기 때문에 이 시점 이후부터 월식 관측이 가능하다고 나와 있습니다.

2 과학관의 관장이 생중계의 진행을 담당한다는 내용은 나와 있지 않습니다.

글 독해 ● 89~91쪽

★ 어떤 글일까요?

이 글은 월식을 소개하고, 개기 월식과 부분 월식을 설명하고 있습니다. 또한 월식과 일식의 차이점을 알려 주고 있습니다.

★ 문단 요약

1문단	월식과 이에 대한 옛날 사람들의 생각
2문단	월식이 일어나는 원리와 종류
3문단	개기 월식 때 달이 붉은색으로 보이는 까닭
4문단	월식과 일식의 차이점

1 월식 **2** ②
3 ③ **4** ( )(○)( )
5 ⓓ **6** (라)
7 (1) ○ (2) × (3) ×

1 이 글은 월식이 일어나는 원리, 개기 월식과 부분 월식 등을 설명하고 있습니다. 따라서 이 글의 중심 낱말은 '월식'입니다.

2 이 글은 월식을 소개하기 위해 일식과 비교하여 설명하고 있습니다.

3 (다) 문단에서 개기 월식이 일어나면 달이 어두운 붉은색으로 관측된다고 하였습니다.

4 (다) 문단에 따르면 지구 대기를 통과하는 태양 빛 중 붉은색 빛이 대기를 통과하여 달 표면에 도달한다고 하였습니다.

5 개기 월식이 일어날 때 달의 모양은 보름달입니다.

6 (라) 문단에서 고대 신화에 월식과 일식이 함께 등장하는 경우가 있다고 하였으므로, 이를 보충하는 자료로 활용할 수 있습니다.

7 옛날 사람들은 붉은 달을 신이 계시하는 불길한 징조라고 생각했습니다.

하루 어휘 ● 92쪽

1 (1) 굴절 (2) 계시 (3) 신화
2 (1) ① (2) ① (3) ② (4) ②
3 (1) 통과하다 (2) 불길하다 (3) 도달하다

3 '통합하다'는 '둘 이상의 조직이나 기구 따위를 하나로 합치다.'의 뜻, '불리하다'는 '이롭지 아니하다.'의 뜻, '도전하다'는 '정면으로 맞서 싸움을 걸다.'의 뜻입니다.

신나는 퍼즐 퍼즐 ● 93쪽

붉	시	차	보	름	달	원	초	물
태	은	검	금	망	반	심	밀	중
부	양	색	환	원	바	력	공	기
회	분	고	상	경	닷	자	증	승
전	정	빛	도	생	조	금	하	거
한	일	지	구	사	크	레	이	터
월	식	인	평	리	효	수	현	본
덕	불	길	썰	선	율	면	해	저

힌트
❶ 편평한 땅의 끝과 하늘이 맞닿아 경계를 이루는 선.
❷ 한 점이나 축 또는 어떤 물체를 중심으로 하여 그 둘레를 빙빙 도는 것.
❸ 관측자가 한 위치에서 본 천체의 방향과 다른 위치에서 본 천체의 방향과의 차이.
❹ 어떤 사실을 증명할 수 있는 근거.
❺ 태양이 지표면과 이루는 각.
❻ 움푹 파인 큰 구덩이 모양의 지형.
❼ 바다의 밑바닥. 반대 해상
❽ 원운동을 하는 물체에 작용하는, 원의 바깥으로 나아가려는 힘. 반대 구심력
❾ 멀리 있는 물체를 크고 정확하게 보도록 만든 장치.
❿ 지구에서 보았을 때 달이 지구의 그림자 속으로 들어가 달의 일부나 전체가 보이지 않는 현상.

식물의 몸을 이루는 세포

매체 독해
● 95쪽

★ **어떤 매체 자료일까요?**

세포라는 이름을 처음 사용한 로버트 훅과의 가상 인터뷰 자료입니다.

1 ☐☐☐○

2 (1) ○ (2) × (3) × (4) ○

1 현미경으로 발견한 작은 방 모양들이 마치 수도사들이 살고 있던 작은 방을 연상시켜 라틴어로 작은 방을 의미하는 'Cellua'에서 따와 'Cell'이라는 이름을 붙여 불렀다고 하였습니다.

2 죽은 세포벽을 처음 발견하고, 세포라는 이름을 처음 사용한 사람은 로버트 훅입니다.

글 독해
● 96~98쪽

★ **어떤 글일까요?**

이 글은 생물을 이루는 세포의 구조를 설명한 다음, 동물 세포와 식물 세포의 구조적 차이를 설명하고 있습니다.

★ **문단 요약**

1문단	생물을 이루는 기본 단위인 세포
2문단	세포의 구조 ① - 핵
3문단	세포의 구조 ② - 세포질과 세포막
4문단	식물 세포와 동물 세포의 구조적 차이
5문단	각자의 역할을 수행하여 생물체의 기능을 유지시키는 세포들

1 ⑤　　　　**2** ④

3 ④　　　　**4** 세포질

5 ○☐☐○☐　　**6** ②

7 수호

1 (마) 문단에는 생물의 몸을 구성하는 세포들이 몸의 여러 부분에서 각자의 역할을 수행할 때 생물체가 정상적인 기능을 유지할 수 있다는 내용이 담겨 있습니다. 따라서 (마) 문단의 중심 내용은 '각자의 역할을 수행하여 생물체의 기능을 유지시키는 세포들'이라고 정리할 수 있습니다.

2 (가) 문단에서 생물이 기본 단위인 세포로 이루어져 있음을 설명하기 위해 장난감 블록으로 만든 입체 모형에 비유하였습니다. (나), (다) 문단에서 세포를 구성하는 요소를 핵, 세포질, 세포막으로 나누어 설명하고 있습니다.

3 (라) 문단에서 동물 세포에는 없고 식물 세포에만 존재하는 세포 소기관들이 있다고 설명하였습니다.

4 (다) 문단에 세포질에 대한 설명이 나와 있습니다.

5 (나) 문단에서 모든 세포는 핵, 세포질, 세포막이라는 기본 구조로 이루어져 있다고 설명하였습니다. 엽록체와 세포벽은 식물 세포에만 있는 세포 소기관입니다.

6 식물 세포는 ○(엽록체)에서 빛 에너지를 이용해 양분을 만듭니다. 영양소를 분해하여 에너지를 만드는 세포 소기관은 미토콘드리아입니다.

7 식물 세포에만 존재하는 세포벽은 세포막보다 두껍고 단단합니다. 우리가 식물의 줄기를 만졌을 때 동물의 피부보다 단단하다고 느끼는 것은 바로 이 세포벽 때문입니다.

하루 어휘
● 99쪽

1 (1) ㉠ (2) ㉡ (3) ㉢

2 (1) 세포막 - ㉠ (2) 세포벽 - ㉢
　　(3) 세포질 - ㉡

3 (1) ㉠ (2) ㉡ (3) ㉡ (4) ㉠

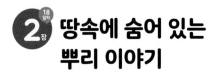

2장 ¹⁸일차 땅속에 숨어 있는 뿌리 이야기

● 100쪽

매체 독해

★ 어떤 매체 자료일까요?

여러 가지 뿌리 모양이 나와 있는 식물도감입니다.

1 ☐ ◯ ☐

2 (1) ⓒ (2) ㉠ (3) ⓒ

1 뿌리는 광합성에 의해 만들어진 양분을 저장한다고 나와 있습니다.

2 고구마는 저장뿌리, 맹그로브는 호흡뿌리, 담쟁이덩굴은 부착뿌리입니다.

글 독해

● 101~103쪽

★ 어떤 글일까요?

이 글은 뿌리의 시점에서 뿌리의 구조와 기능을 소개하고 있습니다. 또 환경에 따라 모양이 달라지는 뿌리에 대해서도 이야기하고 있습니다.

★ 문단 요약

1문단	뿌리의 자기소개
2문단	뿌리의 구조
3문단	뿌리의 지지·흡수 기능
4문단	환경에 따라 모양이 달라지는 뿌리
5문단	뿌리의 인사

1 뿌리   **2** ③

3 ④   **4** ②

5 ⑤   **6** >

7 규현

1 이 글은 뿌리의 시점에서 뿌리의 구조와 기능을 소개하고 있습니다.

2 뿌리는 흙 속의 물과 무기 양분을 흡수하는 역할을 합니다. 이 글에 뿌리에서 양분이 만들어진다는 내용은 없습니다.

3 2문단의 '식물의 뿌리에 가느다란 솜털 같은 뿌리털이 많이 나 있는 것을 본 적이 있니?', 3문단의 '너희도 물과 음식을 먹고 살아가지?' 등과 같이 질문을 하고 이에 답하는 방식으로 글을 전개하고 있습니다. 또, 뿌리가 자기 자신을 직접 소개하는 어투를 활용하여 친근감을 자아내고 있습니다.

4 ㉠은 바람이 불어도 식물이 넘어지지 않도록 지탱해 주는 기능을 말하므로, ㉠에 들어갈 말은 '지지'입니다. '지지'는 '무거운 물건을 받치거나 버틴다.'라는 뜻입니다. ㉡은 물과 무기 양분을 땅으로부터 식물의 몸속으로 빨아들이는 기능을 말하므로, ㉡에 들어갈 말은 '흡수'입니다. '흡수'는 '빨아서 거두어들인다.'라는 뜻입니다.

5 뿌리털은 가느다란 솜털같고 많이 나 있어 뿌리가 흙과 접촉하는 표면적을 넓혀 물과 무기 양분이 효과적으로 흡수되도록 돕습니다.

6 3문단에 뿌리털 세포의 농도가 흙 속의 농도보다 높기 때문에 흙 속의 물이 세포막을 통과하여 흡수된다고 설명되어 있습니다.

7 3문단에서 식물의 정상적인 생장을 위해서는 물과 양분이 필요한데, 뿌리가 물과 무기 양분을 흡수하는 기능을 한다고 설명하고 있습니다.

하루 어휘

● 104쪽

1 (1) ⓒ (2) ㉡ (3) ㉠

2 (1) 견고하다 (2) 지탱하다 (3) 운반하다

3 (1) 스며들어 (2) 벗겨진 (3) 빨아들이는

2 '숭고하다'는 '높이 기릴 만하다.'의 뜻, '지연하다'는 '무슨 일을 더디게 끌어 시간을 늦추다.'의 뜻, '운행하다'는 '차량 따위가 정해진 도로나 목적지를 오고 가다.'의 뜻입니다.

3_장 물과 양분을 운반하는 줄기 이야기

(장 표기: 3장, 19일차)

매체 독해

• 105쪽

★ 어떤 매체 자료일까요?

미래가 식물원에 다녀온 후 블로그에 쓴 글입니다. 미래는 블로그에 자신이 본 덩굴 식물을 소개하고 있습니다.

1 ②　　　　**2** ②

1 미래는 식물원에서 본 덩굴 식물에 대해 설명하였습니다.

2 덩굴 식물이란 식물의 줄기가 하늘을 향해 곧게 서 있지 않고 지면을 기어가거나 다른 물체를 감거나 거기에 붙어서 자라는 식물을 말합니다.

글 독해

• 106~108쪽

★ 어떤 글일까요?

이 글은 줄기의 시점에서 줄기의 구조와 기능을 소개하고 있습니다. 또 여러 가지 변형된 형태의 줄기에 대해서도 이야기하고 있습니다.

★ 문단 요약

1문단	줄기의 구조
2문단	쌍떡잎식물과 외떡잎식물에서의 관다발 배열
3문단	줄기의 다양한 기능
4문단	여러 가지 형태로 변형된 줄기
5문단	줄기의 끝인사

1 ②　　　　**2** ①
3 ㉮: 물관, ㉯: 체관　　**4** ①, ④
5 (1) ○ (2) × (3) × (4) ○
6 ①　　　　**7** ③

1 이 글은 줄기의 시점에서 줄기의 구조와 기능을 소개하고 있습니다.

2 이 글은 줄기의 시점에서 독자에게 말을 건네는 듯한 친근한 어투로 줄기에 대한 다양한 정보를 설명하고 있습니다. 이 글에 식물의 잎에 대한 설명은 없으며, 여러 가지 형태로 변형된 줄기의 사진 자료를 이용한 부분도 없습니다.

3 3문단에서 줄기는 뿌리에서 흡수한 물과 무기 양분을 물관을 통해 잎까지 운반하고, 잎에서 만들어진 유기 양분을 체관을 통해 식물의 몸 곳곳으로 운반한다고 설명하였습니다.

4 외떡잎식물의 줄기에는 형성층이 없습니다. 줄기 속에는 여러 개의 물관과 체관이 다발 형태를 이루고 있기 때문에 관다발이라고 부릅니다.

5 그림 속 줄기의 단면에 형성층이 있으므로 쌍떡잎식물의 줄기를 나타낸 것입니다. 물관과 체관 사이에 새로운 세포가 계속 만들어지는 형성층이 있어 줄기가 굵어집니다.

6 1문단에서 줄기의 겉은 꺼칠꺼칠하거나 매끈한 껍질로 싸여 있다고 설명하였습니다.

7 제시된 글은 식물의 줄기가 다양한 형태로 변형되어 환경에 잘 적응하는 모습을 보여 주는 예시입니다.

하루 어휘

• 109쪽

1 (1) ㉠ (2) ㉢ (3) ㉡
2 (1) 예민하다 – 민감하다
　　(2) 지지하다 – 버티다
　　(3) 적합하다 – 알맞다
3 (1) ① (2) ③ (3) ②

2 '예민하다'는 '무엇인가를 느끼는 능력이나 분석하고 판단하는 능력이 빠르고 뛰어나다.'의 뜻이고, '민감하다'는 '자극에 빠르게 반응을 보이거나 쉽게 영향을 받는 데가 있다.'의 뜻이므로 비슷한 뜻을 가진 낱말로 볼 수 있습니다.

식물은 양분을 어떻게 얻을까요?

● 110쪽

매체 독해

★ 어떤 매체 자료일까요?
바이오에탄올 혼합 의무 제도 도입의 필요성을 전달하는 뉴스입니다.

1 ☐ ☐ ☐ ☐ ◯

2 (1) ◯ (2) ✕ (3) ◯ (4) ◯

1 우리나라도 2050년까지 탄소 중립을 실현하기 위해 바이오에탄올 혼합 의무 제도에 대한 검토가 필요한 시점이라고 하였으므로, ㉠에는 바이오에탄올이 들어가야 합니다.

2 우리나라는 아직 바이오에탄올 혼합 의무 제도를 시행하지 않고 있습니다.

글 독해

● 111~113쪽

★ 어떤 글일까요?
식물이 빛을 이용하여 스스로 양분을 만드는 과정인 광합성에 대해서 설명한 글입니다.

★ 문단 요약

1문단	광합성 소개
2문단	광합성이 일어나는 곳
3문단	광합성에 필요한 물질
4문단	광합성으로 만들어지는 물질
5문단	광합성 결과 생성된 양분의 이동과 저장

1 광합성　　　　**2** ③

3 ②　　　　　　**4** ⑤

5 ①　　　　　　**6** ②

7 ㉠: 이산화 탄소, ㉡: 산소

1 이 글은 식물의 광합성에 대해 설명하고 있습니다. 따라서 중심 낱말은 '광합성'입니다.

2 ①과 ④는 4문단에, ②는 3문단에, ⑤는 2문단에 설명되어 있습니다.

3 식물은 빛과 물, 이산화 탄소가 있어야 광합성을 할 수 있습니다.

4 식물은 햇빛과 이산화 탄소, 물을 이용해 스스로 양분을 만들어 에너지를 얻습니다.

5 그림에서 광합성이 일어날 때 물이 필요함을 알 수 있습니다.

6 에너지원으로 쓰이지 않고 남은 양분은 열매, 뿌리, 줄기 등에 녹말이나 지방, 단백질 등 다양한 형태로 저장됩니다. 엽록체에 저장된 녹말은 설탕으로 바뀌어 식물의 각 부분으로 운반됩니다.

7 광합성은 빛 에너지를 이용하여 이산화 탄소와 물을 원료로 포도당과 산소를 만드는 과정을 말합니다. 방출된 산소는 사람을 포함한 대부분의 생물의 호흡에 이용됩니다.

하루 어휘

● 114쪽

1 (1) ㉢ (2) ㉡ (3) ㉠

2 (1) 수행하고 (2) 유지하고 (3) 전환하기 (4) 분해할

3 (1) ㉡ (2) ㉢ (3) ㉠

신나는 퍼즐 퍼즐

● 115쪽

		엽	록	체		
		록			무	
세	포	소	기	관	기	공
포			다		양	
질			발		분	
					생	
		쌍	떡	잎	식	물
표	면	적			관	
피						

가로 열쇠
❶ 주로 식물의 잎에 들어 있는 작은 초록색 알갱이로, 빛을 이용해 포도당과 산소를 만들어 내는 기관.
❷ 특정한 기능을 가진 세포의 구조 단위로, 핵, 미토콘드리아, 세포막, 세포벽, 엽록체 등이 있음.
❺ 주로 식물의 잎 뒷면에 있는 작은 구멍으로, 증산 작용이 일어나고 산소와 이산화 탄소가 출입함.
❼ 싹이 틀 때 두 개의 떡잎이 마주 붙어 나는 식물.
❽ 물체 겉면의 넓이.

세로 열쇠
❶ 빛 에너지를 흡수하는 초록색 색소.
❷ 세포에서 핵을 제외한 세포막 안의 부분.
❸ 식물 속에 있으며, 양분의 이동 통로인 체관과 물의 이동 통로인 물관으로 이루어져 있음.
❹ 식물체의 생장에 있어 양분으로 사용될 수 있는 물질 중에 탄소를 포함하지 않은 성분.
❻ 생물이 자기와 닮은 개체를 만들어 그 종족을 유지하는 현상.
❽ 뿌리에서 흡수한 물과 무기 양분이 이동하는 통로.
❾ 식물체의 표면을 덮고 있는 조직.

1장 맛있는 음식이 똥으로 변하기까지

매체 독해
• 117쪽

★ 어떤 매체 자료일까요?

소화 불량에 대한 설명이 담긴 자료입니다. 소화 불량의 증상을 체크하게 한 뒤, 치료 방법을 제시했습니다.

1 ☐ ○ ☐
2 (1) ○ (2) ○ (3) ○ (4) ✕

1 민준은 자료에 제시된 증상들과는 거리가 멀어서 소화 불량일 가능성이 낮다고 판단할 수 있습니다.

2 이 자료에서는 소화 불량을 치료하기 위해서는 식사를 천천히 하라고 했습니다.

글 독해
• 118~120쪽

★ 어떤 글일까요?

이 글은 음식물이 소화되는 과정을 소화 기관에 따라 순서대로 설명하고 있습니다. 방금 먹은 밥이 언제 똥으로 나오는지 궁금증을 일으킨 뒤 그에 대한 답을 제시하고 있습니다.

★ 문단 요약

1문단	소화 과정에 대한 궁금증
2문단	입과 식도의 역할
3문단	위의 역할
4문단	작은창자의 역할
5문단	큰창자와 항문의 역할
6문단	음식물이 똥으로 나오기까지의 시간

1 ②　　　　**2** ①
3 ⑤　　　　**4** ①
5 작은창자　　**6** ⑤
7 위, 작은창자, 큰창자

1 이 글은 음식물이 '입 → 식도 → 위 → 작은창자 → 큰창자 → 항문'을 거치며 소화되는 과정을 순서대로 소개하고 있습니다.

2 2문단에서 음식물의 소화는 '입'에서부터 시작된다고 했습니다.

3 3문단에서 위는 음식물을 주물럭거리고 잘게 쪼개어 걸쭉한 죽처럼 변하게 한다고 했습니다. 소화되지 않은 음식물 찌꺼기를 배출하는 기관은 항문입니다.

4 5문단에서 큰창자가 작은창자보다 길이는 짧지만 지름은 두 배 정도 더 커서 큰창자로 불리게 되었다고 했습니다.

5 4문단을 통해 제시된 설명이 작은창자에 해당함을 알 수 있습니다.

6 6문단에서 음식물이 소화되어 똥으로 나오기까지는 짧게는 16시간에서 길게는 30시간 정도가 걸린다고 했으므로, 우리가 음식을 먹은 후 똥으로 나오는 데 걸리는 시간은 16시간에서 30시간 사이일 확률이 높습니다.

7 음식물은 입에서 식도로 이동한 다음 위로 내려갑니다. 위에서 걸쭉한 죽처럼 변한 음식물은 작은창자로 내려가고, 작은창자가 영양소를 흡수하고 남은 음식물 찌꺼기는 큰창자로 이동합니다. 큰창자에서 수분이 빠진 음식물 찌꺼기는 항문을 통해 똥으로 배출됩니다.

하루 어휘
• 121쪽

1 (1) ⓒ (2) ⓛ (3) ⓐ
2 (1) 잘게 (2) 촘촘한 (3) 걸쭉하게 (4) 단단해서
3 (1) 기다랗게 (2) 찌꺼기 (3) 부서진

3 (1)의 길다랗다, (2)의 찌꺽지, (3)의 부숴지다는 모두 비표준어입니다.

2장 호흡이 일어나는 과정

매체 독해
• 122쪽

★ **어떤 매체 자료일까요?**

미세 먼지에 대한 경각심을 일깨우는 뉴스입니다. 미세 먼지가 우리 몸에 들어왔을 때 일으키는 문제점에 대해 설명했습니다.

---

1 (1) × (2) ○ (3) ○ (4) ○
2 채연

1 뉴스에서 미세 먼지는 폐뿐만 아니라 다른 장기에 붙어서도 염증을 일으킨다고 하였습니다.

2 뉴스에서 미세 먼지가 많은 날에는 물을 자주 마실 것을 권유하고 있습니다.

글 독해
• 123~125쪽

★ **어떤 글일까요?**

이 글은 호흡 기관을 소개하고 호흡 시 공기의 이동 경로에 대해 설명하고 있습니다. 또한 폐에서 기체 교환이 일어나는 과정도 함께 다루고 있습니다.

★ **문단 요약**

1문단	호흡의 뜻
2문단	호흡 기관의 구조
3문단	호흡 시 공기의 이동 경로
4문단	폐에서의 기체 교환

---

1 ⑤   **2** ④
3 ②   **4** ④
5 ㉠: 산소, ㉡: 이산화 탄소
6 ⑤   **7** ④

1 우리가 평소에 호흡을 의식하지 않는 이유에 대해서는 이 글에 제시되지 않았습니다. ①, ②의 대답은 1문단, ③의 대답은 2, 4문단, ④의 대답은 2, 3문단을 통해 할 수 있습니다.

2 여러 갈래로 갈라진 나뭇가지 모양으로 생긴 것은 '기관지'입니다.

3 2문단에서 폐포는 기관지 끝에 있다고 했습니다.

4 숨을 내쉴 때는 숨을 들이마실 때와는 반대의 순서를 거친다고 했으므로, 몸속의 공기는 '폐 → 기관지 → 기관 → 코'를 거쳐 몸 밖으로 나갈 것이라 예상할 수 있습니다.

5 4문단에 따르면, 폐포로 들어온 공기 속의 산소는 모세 혈관의 혈액으로 들어가고, 몸속에서 생긴 이산화 탄소는 모세 혈관의 혈액에서 폐포로 나온 뒤 숨을 내쉴 때 몸 밖으로 나간다고 했습니다.

6 제시된 내용은 폐에 폐포가 많아야 하는 이유에 대해 설명한 것입니다. 4문단에 따르면 폐포에서 산소와 이산화 탄소의 교환이 이루어지는데, 폐포의 수가 많다면 이 과정이 더 빠르게 이루어질 수 있을 것입니다.

7 ⓐ의 '얇다'는 '두께가 두껍지 않다.'라는 뜻이며, '옅다'는 '정도가 깊지 않다.', '빛깔이 흐릿하다.'라는 뜻이므로, 서로 바꾸어 쓸 수 없습니다.

하루 어휘
• 126쪽

1 (1) ㉢ (2) ㉠ (3) ㉡
2 (1) 내쉬는 (2) 드나들고 (3) 가쁜
  (4) 들이마시고
3 (1) ① (2) ② (3) ② (4) ①

3 제시된 '기관지'는 형태는 같으나 뜻이 다른 낱말인 동형어입니다. '기관지'라는 글자 형태만 같을 뿐, '호흡 기관(①)'과 '잡지(②)'같이 뜻은 서로 전혀 다릅니다.

3장 **우리 몸속 혈관의 길이를 모두 더하면?**

● 127쪽

매체 독해

★ 어떤 매체 자료일까요?

혈액의 역할을 소개한 자료입니다. 물질 운반, 면역 기능, 혈액 응고, 체온 조절 등에 대한 설명을 자세히 서술했습니다.

1 ☐ ☐ ◯ ☐ ☐
2 ②

1 이 자료는 혈액이 우리 몸에서 하는 일, 즉 역할에 대해 설명하고 있습니다.

2 이 자료에서 혈액은 산소를 세포에 공급한다고만 했을 뿐, 혈액이 산소를 만든다는 내용은 언급되지 않았습니다.

글 독해

● 128~130쪽

★ 어떤 글일까요?

이 글은 심장의 기능과 혈관의 종류 및 특징에 대해 설명하고 있습니다. 또한 혈액의 기능과 우리 몸속 혈관 길이에 관한 정보도 함께 제공하고 있습니다.

★ 문단 요약

1문단	심장과 혈관에 대한 소개
2문단	심장의 모양과 기능
3문단	혈관의 종류와 특징
4문단	혈액의 기능
5문단	우리 몸속 혈관의 길이와 혈액이 온몸을 한 번 도는 데 걸리는 시간

1 ③   **2** ①, ③
3 ②   **4** ③
5 ②   **6** ②
7 ③

1 3문단에서 혈관의 종류를 동맥, 모세 혈관, 정맥으로 구분하여 설명하고 있습니다.

2 2문단에서 심장의 수축과 이완으로 혈액이 온몸을 순환한다고 했습니다.

3 4문단에서 심장에서 동맥을 통해 나온 혈액은 모세 혈관, 정맥을 거쳐 다시 심장으로 돌아온다고 했습니다.

4 3문단에서 정맥이 동맥보다 지름이 크고 내부도 더 넓다고 했습니다.

5 2문단에서 심장의 수축과 이완으로 인해 혈액이 온몸을 순환한다고 했습니다. 즉 혈액이 혈관을 따라 이동할 수 있는 것은 심장 때문입니다.

6 3문단의 '동맥은 혈관 벽이 두껍고 탄력성이 커서 심장이 수축할 때 생기는 혈압을 견딜 수 있습니다.'를 통해, 그 이유가 높은 혈압을 견디기 위해서임을 알 수 있습니다. 낮은 혈압은 정맥에 해당합니다.

7 '공급'은 '필요에 따라 무엇을 가져다 바침.'을, '제공'은 '무엇을 내주거나 가져다 바침.'을 뜻하므로, 서로 뜻이 유사함을 알 수 있습니다. '역류'는 '물이 거슬러 흐름.'을, '소모'는 '써서 없앰.'을, '함유'는 '물질이 어떤 성분을 포함하고 있음.'을, '지속'은 '어떤 상태가 오래 계속됨.'을 뜻합니다.

하루 어휘

● 131쪽

1 (1) ⓛ (2) ㉠ (3) ㉢
2 (1) 반 (2) 비 (3) 비
3 (1) { 온몸 / 홀몸 (2) { 송환 / 순환 (3) { 전달 / 숙달

3 (1) '온몸'은 '몸 전체.'의 뜻, '홀몸'은 '아이를 배지 아니한 몸.'의 뜻입니다.
(2) '송환'은 '포로나 불법으로 입국한 사람 등을 본국으로 도로 돌려보냄.'의 뜻, '순환'은 '주기적으로 자꾸 되풀이하여 돎.'의 뜻입니다.
(3) '전달'은 '무엇을 다른 사람이나 기관에 전하여 이르게 함.'의 뜻, '숙달'은 '어떤 일에 익숙해짐.'의 뜻입니다.

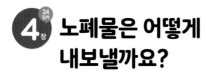

4장 노폐물은 어떻게 내보낼까요?

매체 독해
• 132쪽

> ★ **어떤 매체 자료일까요?**
>
> 소변 검사를 실시한다는 것을 알려 주는 안내문입니다. 검사 목적, 일시, 대상, 유의 사항, 추후 관리에 대해 제시되어 있습니다.
>
> **1** ②　　　　　**2** ④

1 소변 검사는 당뇨성 질환, 신장 질환 등을 조기에 발견하기 위해 실시한다고 제시되었습니다.

2 '2. 검사 일시 및 대상'에서 3학년은 20○○년 6월 29일에 검사를 받는다고 제시되어 있습니다.

글 독해
• 133~135쪽

> ★ **어떤 글일까요?**
>
> 이 글은 콩팥과 땀샘이 우리 몸에서 하는 일에 대해 소개하고, 우리 몸속에 생긴 노폐물을 오줌과 땀으로 내보내는 과정을 설명하고 있습니다.
>
> ★ **문단 요약**
>
> | 1문단 | 배설의 뜻 |
> |---|---|
> | 2문단 | 콩팥의 기능과 오줌이 배설되는 과정 |
> | 3문단 | 땀샘의 기능과 땀이 배설되는 과정 |
> | 4문단 | 오줌과 땀의 구성 성분 |
>
> **1** ③　　　　　**2** ①
> **3** 노폐물, 오줌
> **4** ⓑ → ⓓ → ⓒ → ⓐ → ⓔ
> **5** ⑤　　　　　**6** ③
> **7** (1) ○ (2) ○ (3) ×

1 이 글에 콩팥의 모양, 위치 등은 제시되었지만, 콩팥의 구성 요소는 제시되지 않았습니다.

2 '오줌이나 땀은 왜 생기는 것일까요?', '만약 오줌을 만드는 콩팥이 제 기능을 하지 못하면 어떻게 될까요?'와 같이 질문한 뒤, 이에 답하는 형식으로 내용을 서술하고 있습니다. 또한 성인이 하루에 누는 오줌의 양, 땀샘의 개수 등을 구체적인 수치로 제시하여 독자의 이해를 돕고 있습니다.

3 콩팥은 몸속에 있는 노폐물을 몸 밖으로 내보내기 위해 오줌을 만듭니다.

4 오줌이 만들어져서 몸 밖으로 나오기까지의 과정은 (나) 문단에 제시되어 있습니다.

5 땀을 몸 밖으로 내보내기 위해 피부 표면에 나 있는 구멍은 땀샘이 아니라 땀구멍입니다.

6 제시된 내용은 혈액의 투석 과정과 인공 콩팥을 사용하는 이유에 대한 것입니다. (나) 문단의 마지막 문장에서 인공 콩팥을 이용해 투석을 한다고 소개하고 있으므로, 제시된 내용은 (나) 문단 뒤에 추가되는 것이 적절합니다.

7 오줌을 만드는 곳인 콩팥은 몸의 뒤쪽 허리 근처에 있지만, 땀을 만드는 곳인 땀샘은 손바닥, 발바닥, 이마, 겨드랑이 등 몸 여러 곳에 넓게 퍼져 있습니다.

하루 어휘
• 136쪽

> **1** (1) 꾸러미 (2) 성분 (3) 땀구멍
> **2** (1) ⓒ (2) ⓛ (3) ㉠
> **3** (1) 걸러 (2) 지어 (3) 이로운

3 (1) '거르다'는 '르'가 어미 '-아', '-어' 앞에서 'ㄹㄹ'로 바뀌는 '르' 불규칙 용언으로, '걸러' 등으로 활용합니다.

(2) '짓다'는 모음 앞에서 'ㅅ'이 탈락하는 'ㅅ' 불규칙 용언으로, '지어, 지으니, 지었다' 등으로 활용합니다.

(3) '이롭다'는 모음 앞에서 'ㅂ'이 탈락하는 'ㅂ' 불규칙 용언으로, '이로운, 이로우니' 등으로 활용합니다.

5장 자극이 전달되어 반응하기까지

25일차

매체 독해
● 137쪽

★ 어떤 매체 자료일까요?
한 육상 선수가 부정 출발로 실격되었다는 소식을 담은 신문 기사입니다.

1 ①, ④   **2** 반응

1 이 신문 기사를 통해 부정 출발의 뜻(출발 신호를 받기 전에 먼저 출발하는 경우)과 부정 출발이 성립되는 조건(총소리가 난 뒤 0.1초 이내에 발을 뗀 경우)을 알 수 있습니다.

2 ㉠의 근거는 ㉠의 뒤 문장에 제시되었습니다.

글 독해
● 138~140쪽

★ 어떤 글일까요?
이 글은 자극이 전달되어 반응하기까지의 과정을 설명한 글입니다. 감각 기관과 신경계의 각 기능에 대해서도 소개하고 있습니다.

★ 문단 요약

1문단	자극이 전달되어 반응하기까지의 과정
2문단	감각 기관의 종류와 기능
3문단	신경계의 구성과 기능
4문단	자극이 전달되어 반응하기까지의 과정에 대한 예시

1 ②   **2** 말초 신경계
3 ②
4 (1) 눈 (2) 귀 (3) 피부 (4) 코 (5) 혀
5 ②   **6** ③
7 ③

1 이 글에 뇌의 기능은 제시되어 있지만, 뇌의 구조와 구성 성분은 제시되지 않았습니다.

2 3문단에 따르면, 신경계는 중추 신경계(뇌, 척수)와 말초 신경계(감각 신경, 운동 신경)로 나눌 수 있다고 했습니다.

3 3문단에서 시각 신경, 청각 신경 등은 감각 신경에 해당한다고 했습니다.

4 2문단에 감각 기관인 눈, 귀, 코, 혀, 피부와 관련된 내용이 제시되어 있습니다.

5 뇌, 시각 신경, 운동 신경, 청각 신경은 모두 신경계에 해당합니다. 눈은 신경계가 아닌 감각 기관에 해당합니다.

6 감각 기관이 자극을 받아들이고(㉡), 이 자극을 감각 신경이 뇌에 전달합니다(㉣). 뇌는 자극을 분석한 후에 행동 명령을 내립니다(㉢). 운동 신경은 운동 기관에 이를 전달하고(㉤), 운동 기관은 명령에 따라 행동합니다(㉠).

7 '인지하다'는 '어떤 사실을 인정하여 알다.'라는 뜻이므로 ⓐ와 바꾸어 쓸 수 있습니다.

하루 어휘
● 141쪽

1 (1) ㉡ (2) ㉢ (3) ㉠
2 (1) ㉠ (2) ㉡ (3) ㉢
3 (1) ㉠ (2) ㉠ (3) ㉡ (4) ㉡

신나는 퍼즐 퍼즐
● 142쪽

투	노	폐	물	음	신	대	근	육
과	석	모	양	식	경	액	소	화
배	위	호	영	도	계	탄	력	성
출	작	은	흡	산	항	폐	요	쌍
주	콩	팥	큰	감	문	땀	포	염
름	창	자	뼈	각	혈	오	줌	분
통	동	비	수	기	서	압	심	장
로	갈	맥	이	관	분	비	꾸	러

힌트
❶ 입과 위를 연결하는 긴 관으로, 음식물을 위로 보내는 역할을 함.
❷ 동물이 섭취한 음식물을 소화하여 항문으로 내보내는 일.
❸ 숨을 들이마시고 내쉬는 활동.
❹ 폐로 들어간 기관지의 끝에 포도송이처럼 달려 있는 공기 주머니.
❺ 수축과 이완을 반복하며, 혈액을 온몸으로 보내는 기관.
❻ 심장에서 나오는 혈액이 흐르는 혈관. 혈관 벽이 두껍고 탄력성이 큼. **바로** 정맥
❼ 몸속에 생성된 물질 중 몸에 필요 없는 것.
❽ 몸속의 노폐물을 걸러서 오줌을 만드는 기관.
❾ 주변에서 발생하는 자극을 받아들여 인식하게 해 주는 기관으로, 눈, 귀, 코, 혀, 피부가 있음.
❿ 몸속의 상태와 바깥 환경의 변화에 반응하고 적응하는 데 관여하는 신경 조직으로 이루어진 기관.